Bitcoins für Anfänger:

Alles was Sie zum Thema Bitcoin
wissen müssen.

Eine Einführung in die Welt der
Kryptowährung.

Philip Sander

Inhalts

1. Vorwort

Hallo und ein herzliches Willkommen an alle Lesefreunde.

Dieser Ratgeber ist eine echte Sensation. In diesem Guide werden alle offenen Fragen rund um das Thema Bitcoins beantwortet. Dieser informative und sachliche Ratgeber ist ein Wegweiser für alle Neueinsteiger, die sich bisher noch nicht mit dem Thema Bitcoins auseinandergesetzt haben, und für all diejenigen, die ihr Wissen vertiefen möchten.

Das digitale Zeitalter hat uns längst im Griff. Mit der Einführung der kommerziellen Nutzung des Internets in den 90er Jahren öffnen sich viele neue Bereiche. Das World Wide Web, kurz „WWW" erleichtert unseren Alltag allgemein. Früher war das Internet nur am heimischen Computer zu nutzen. Die Erfindung des Smartphones ermöglicht es uns, das Internet nahezu an fast jedem Ort zu nutzen. Heute gehen wir mehrmals täglich, bereits für banale Sachen ins Internet. Dank der Suchmaschinen Google und Bing ist die Suche im Internet ein Kinderspiel geworden. Recherchen, Arbeiten, Shoppen und sich mit Freunden verabreden, all das können wir über das Internet erledigen. Im Internet ringen Millionen von Onlineshops um die Gunst der potenziellen Kaufinteressierten. Da es weltweit unterschiedliche Währungen gibt, die alle zusammen einen einheitlichen Zahlungsverkehr unmöglich machen, wurde eine virtuelle Währung erschaffen, die den Zahlungsverkehr im Netz erleichtern soll. Das war die Geburtsstunde der digitalen Währung Namens Bitcoins. Für alle Netznutzer, die noch nichts mit dem Zahlungsmittel zu tun hatten oder nur oberflächliche Informationen besitzen, habe ich als Finanzexperte diesen sehr empfehlenswerten Ratgeber geschrieben. Am Ende dieses Guides wissen Sie alles über die Zahlmethode und deren Abwicklung im Netzwerk und können so den sicheren Umgang mit Bitcoins üben. Ich wünsche Ihnen viel Freude beim Lesen.

2. Was sind Bitcoins?

Bitcoins sind eine virtuelle Zahlungseinheit. Die Währung kennt keine Münzen oder Scheine und hat somit keinen physikalischen Wert. Bitcoins sind ein globales, dezentrales Zahlungsmittel, welches ausschließlich im Internet gehandelt werden kann. Dezentral bedeutet, dass die Ausgabe und der Handel nicht von Staaten beziehungsweise Banken überwacht und abgewickelt werden. Der Handel ist ausschließlich über das Internet zu realisieren. Die erste virtuelle Transaktion wurde im Jahr 2009 realisiert.

3. Warum wurden Bitcoins eingeführt?

Das Internet hat seit der kommerziellen Einführung in den 90er Jahren ein beträchtliches Wachstumsvolumen hingelegt. Die virtuelle Welt hat viele verborgene Türen geöffnet. Ein weltweiter Handel für alle Menschen, die auf das World Wide Web zugreifen, ist somit garantiert. Das Wachstumspotenzial ist gigantisch. Wer eine Idee hat, kann diese mittels des Internets leicht an Interessenten bringen. Viele Onlineshops sind aus dem virtuellen Boden geschossen. Die einen schaffen es, andere wiederum verschwinden genauso schnell, wie sie entstanden sind. Der weltweite Handel mit unterschiedlichen Währungen erschwert den Zahlungsverkehr. Damit die Zahlung leichter realisiert werden kann, wurde die digitale Währung Bitcoin erschaffen.

4. Wer hats erfunden?

Es gibt viele Storys um die Entwickler der Bitcoins. Immer wieder tauchten diverse Namen im Netz auf, die mit der Entwicklung der digitalen Währung in Verbindung gebracht wurden. Der bekannteste Name ist Satoshi Nakamoto. Wer oder was hinter diesen Namen steckt, war bis vor kurzen noch unklar. Das Rätsel ist ein Mysterium. Viele Finanzmagazine berichteten mehrmals im Jahr darüber. Reporter machten sich auf die Spur und kamen bei ihrer Recherche nicht wirklich auf eine heiße Spur. Doch im Jahr 2016 soll das große Rätsel um den bekanntesten Namen Satoshi Nakamoto enthüllt wurden sein. Ein australischer Informatiker behauptet, der Erfinder von Bitcoin zu sein.

Craig Wright beansprucht den Namen Satoshi Nakamoto für sich. Er soll sich jahrelang hinter dem Pseudonym versteckt haben. Also der Legende, die hinter der virtuellen Währung Bitcoin steckt. Sieben lange Jahre wurde bisher über die Identität spekuliert. Doch Craig Wright ist nicht der Erste, der sich als Erfinder in der Öffentlichkeit präsentiert. In den letzten Jahren gab es gleich mehrere Personen die Vorgaben, der Erfinder des legendären Zahlungsmittels zu sein. Doch diese verstrickten sich von Anfang an in Widersprüche und wurden in der breiten Öffentlichkeit als Spinner entlarvt. Aber bei Craig Wright ist es anders. Er ist der Erste, der nicht sofort ausgelacht wurde.

98 Zeichen, die ein starker Beweis sein könnten

Craig Wright ist ein australischer Informatiker. Der heute 45-Jährige ist in der Szene noch zum Großteil eine unbekannte Figur. 2016 war alles anders. Bei den Recherchen und Spekulationen, die im letzten Jahr angestellt wurden, fiel zum ersten Mal der Name Craig Wright.

Im letzten Jahr postete Wright folgendes Zitat von Jean-Paul Sartre auf seiner Webseite: Wenn ich mit Jean-Paul Sarte unterschreibe, ist das nicht dasselbe, als wenn ich mit Jean-Paul Sartre, Nobelpreisträger, unterschreibe. Jean-Paul Charles Aymard Sartre war ein französischer Philosoph und Publizist. Er spielte eine entscheidende Rolle bei der Entwicklung des Existenzialismus. Der Begriff „Existenzialismus" steht für eine allgemeine Geisteshaltung „Der Mensch ist seine Existenz". Der Eintrag im Blog wurde durch 98 Zeichen ergänzt. Diese Zeichenfolge ist eine Kombination aus Buchstaben und Ziffern. Diese 98 Zeichen sollen der digitale Schlüssel sein, der hinter der Legende von Satoshi Nakamoto steht. Mathematisch lässt sich auf diese Art und Weise ermitteln und nachprüfen, ob Craig Wright wirklich der Erfinder des Bitcoin-Imperiums ist. Das wäre der Beweis für all die Menschen, die sich mit diesem Mythos jahrelang auseinandersetzen. Wright als wahrer Erfinder, daran glaubt auch der Chefentwickler von Bitcoin Gavin Andresen. Sollte Craig Wright wirklich als Satoshi Nakamoto enttarnt worden sein, würde sein Bitcoin-Vermögen auf eine Gesamtsumme von 449 Millionen US-Dollar geschätzt werden. Wenn es tatsächlich so ist, dann stellen sich ganz neue Fragen.

Warum will Wright plötzlich in das Rampenlicht?

Jahrelang hatte der australische Informatiker Wright den Kontakt mit der breiten Öffentlichkeit gemieden. In einem Interview mit dem britischen Finanzmagazin „Economist" deutete er an, dass er sich von der medialen Öffentlichkeit im Jahre 2011 eingeengt fühlte. Aus diesem Grund habe er sich von der Bildfläche verabschiedet und hinterließ offene Fragen. Da sich mit der Zeit immer mehr Personen als Erfinder ausgaben und den Ruhm anderer ernten wollte und immer mehr Fehlinformationen über die Person Craig Wright durch Spekulationen veröffentlicht worden, habe sich Wright im Jahr 2016 dazu genötigt gefühlt, Licht in das Dunkle zu bringen.

Täuschung oder Realität?

Doch es gibt immer wieder neue Zweifel an der Aussage von Wright. Kurz nach Erscheinen des Blogbeitrags kamen erste Zweifel auf. Die 98 Zeichen wurden erfolgreich decodiert. Die Zeichenfolge beinhaltet lediglich eine lapidare Transaktionsbestätigung. Soll heißen, das Geld von A nach B überwiesen wurde. Das ruft neue Spekulationen auf den Plan. Möchte Wright wirklich beweisen, dass er der Erfinder ist, müsste er den digitalen Schlüssel liefern können, die den ersten generierten Bitcoin in Transaktion zeigen. Dieser Schlüssel ist im Besitz des wahren und einzigen Satoshi Nakamoto. Es bleibt also spannend um die

Legende des Erfinders von Bitcoin.

5. Die virtuelle Geldeinheit Bitcoin

5.1 Funktionsweise

Der Bitcoin besteht im Kern aus einem Zahlungssystem und einer Geldeinheit, welche dezentral in einem Rechnernetz mithilfe eigener Software verwaltet beziehungsweise geschöpft wird. Das System basiert auf einer durch die Teilnehmer gemeinsam verwalteten dezentralen Datenbank, in der alle Transaktionen in dem Buchungssystem der sogenannten Blockchain aufgezeichnet werden. Die einzige Bedingung für die Teilnahme ist ein Bitcoin-Client, welcher auf der eigenen Festplatte gespeichert wird, oder die Nutzung eines Onlinedienstleisters, der dieselbe Funktion hat. Dadurch unterliegt das Bitcoin-System keinen geografischen Beschränkungen, außer der Verfügbarkeit einer Internetverbindung, und kann länderübergreifend eingesetzt werden.

5.2 Ist Bitcoin richtiges Geld?

Genau zu dieser Frage gibt es unterschiedliche Meinungen. Befürworter sehen in der virtuellen Währung, dass Zahlungsmittel der Zukunft. Kritiker stehen dieser Haltung mit großer Skepsis entgegen und vermuten hinter dieser Methodik dubiose Geschäftemacher. Bitcoins werden immer öfter mit Schwarz- und Scheingeschäften in Verbindung gebracht. So soll man mit Bitcoins vorzugsweise gut Geldwäsche betreiben können. Angeblich lassen sich Einnahmen aus Drogengeschäften oder Steuerbetrug mit Bitcoins reinwaschen. Immer wieder werden Gerüchte laut, dass das Zahlungsmittel anonym genutzt werden kann.

5.3 Ist Bitcoin anonym oder nicht?

Dass Bitcoins ein global virtuelles Zahlungsmittel sind, wissen wir inzwischen. Jeder, der das Internet nutzt weiß, dass wir, egal wo wir uns im Netz bewegen, digitale Fingerabdrücke hinterlassen. IT-Experten können also jede Bewegung des Nutzers nachverfolgen. Im Netz ist es wie in der Realität: wer einen Betrug vornehmen möchte, der muss sich schon etwas einfallen lassen, wenn er nicht entlarvt werden möchte. Nicht erst seit heute beschäftigen sich Gerichte und Finanzämter weltweit mit der seit 2009 bestehenden Währung.

Anonymität vs. Pseudonymität

Prinzipiell ist Bitcoin anonym zu nutzen. Daten werden als codierter privater Schlüssel weitergegeben. Deshalb ist es für Privatpersonen und Unternehmen sehr schwierig, Transaktionen ohne weitere Details und Informationen nachzuvollziehen. Unter der Annahme, dass weder IP-Adressen noch Bitcoin-Adressen einer Person zugeordnet werden können, gewährleistet Bitcoin einen wesentlich umfangreicheren Schutz der Privatsphäre der Nutzer und eignet sich daher sehr gut für konventionelle Zahlungswege. Jedoch sollte bedacht werden, dass eben auch die von Bitcoin angebotene Anonymität Grenzen hat, und somit keinen Schutz gegen polizeiliche oder gar nachrichtendienstliche Ermittlungsverfahren bietet. Zur Ausführung von Geschäften wird einer der Geschäftspartner dazu gezwungen, seine Anonymität durch Bitcoins, wenn auch zumindest nur teilweise, aufzugeben.

Die gesamten Transaktionen zwischen zwei teilnehmenden Adressen werden in einem öffentlichen Buchungssystem protokolliert und sind somit dauerhaft im ganzen Netzwerk gespeichert. Zwar werden, wie bereits erwähnt, keine personenbezogenen Daten hinterlegt, doch Bitcoin kann anhand dieser Adressen auslesen, wer dieses Geschäft abgewickelt hat. So können gezielt die Empfänger auf Nachfrage von gesetzlichen Vertretern ermittelt werden und nachfolgend an die fordernde Behörde weitergeben werden. Entlang der Ablaufkette lassen sich auch frühere Geschäftspersonen ausfindig machen. Auf diese Weise lassen sich, wenn auch erschwert, Geldwäscher oder Steuersünder ermitteln und zur Anzeige gebracht werden. Wir alle kennen die berüchtigten Steuer-CDs, die an die betroffenen Staaten für mehrere Millionen verkauft werden. Wir dürfen also gespannt sein, wann die ersten CDs erscheinen, die Schwarzgelder bei Bitcoin veröffentlichen.

Also ist die Zahlungsweise mittels Bitcoins nachweisbarer als bei dem Einsatz von Bargeld. So sind Betreiber von Bitcoin-Börsen, die den Umtausch in andere Währungen zulassen, meist Bestimmungen zur Bekämpfung von Geldwäsche unterlegen. Ähnlich wie bei Paypal sind die Betreiber von solchen Tauschbörsen nicht gesetzlich verpflichtet, Guthaben freizugeben, welches möglicherweise durch Veruntreuung erworben wurde. Ein Experiment von Zahlungsflüssen im Bitcoin-System hat bewiesen, dass es möglich ist, die Ursprünge von Transaktionsketten herzustellen und einschlägig bekannten Adress-Pools zuzuweisen. Dargestellt wird das anhand von diversen Zahlungen an Wikileaks. Dagegen ist es bisher nicht möglich, anhand von öffentlichen Daten Personen sicher zu identifizieren, die sich unrechtlich Guthaben durch Ausspähen der zugeordneten Schlüssel angeeignet haben.

Eine hohes Maß an zusätzlicher Anonymität bieten Zugänge wie zum Beispiel das Tor-Netzwerk. Hier lassen sich etwaige Nutzer nur schwer über das Netzwerk zurückverfolgen. Deshalb sind Webseiten, wie es zum Beispiel „BlackMarket Reloaded" für illegalen Waffenhandel war, im Tor-Netzwerk bis heute sehr aktiv.

Im nächsten Abschnitt wird auf die Sicherheiten der einzelnen Nutzergruppen wie Banken, Handel und Kunden eingegangen. Danach hat man einen guten Überblick und kann die eigenen Risiken besser abschätzen und es regt eine Nutzung des neuen virtuellen Zahlungsmittels an und der Umgang wird erleichtert. Welche Vor- und Nachteile sich für die einzelnen Gruppen ergeben, ist sehr interessant. Deshalb empfiehlt es sich, den nachstehenden Abschnitt mit voller Konzentration zu verfolgen, damit die darin enthaltenen Informationen aufgenommen werden können. Damit sich diese auch tatsächlich verinnerlichen, ist es ratsam, diesen Abschnitt mehrfach zu lesen. Wer die Materie verinnerlicht und verstanden hat, kann am Ende auch belohnt werden. Bitcoins sind neben dem Ziel der Zahlung auch ein ideales Mittel für Spekulanten. Somit erweitert sich der Nutzungsbereich. Auf diese Möglichkeit werden wir dann im weiteren Verlauf des E-Books noch einmal detaillierter eingehen.

5.4 Sind Bitcoins ein anerkanntes Zahlungsmittel?

Die deutsche Bundesregierung hat Bitcoins als Zahlungseinheiten anerkannt. Nach diesem Statement ist Bitcoin ein sogenanntes Privatgeld. Wer diese Währung ersteht, kann sie in verschiedenen Rechnungskreisen einsetzen. Wenn Bitcoin ein anerkanntes virtuelles Zahlungsmittel ist, dann fallen die unterschiedlichen Begriffe wie „digitale Währung", „virtuelles Geld", „Online-Währung". Doch welcher Begriff ist nun korrekt anzuwenden?

5.5 Bitcoin: Digitales Geld – zumindest fast

Noch nie hat ein Zahlungsmittel so viele Diskussionen und Verwirrungen auf dem Plan gerufen. Seit der Einführung im Jahr 2009 sind die Gemüter erhitzt.

Wenn von Bitcoin die Rede ist, fällt sehr oft die Bezeichnung „digitales Geld". Das zumindest kommt der Sache sehr nahe. Doch es gibt Unterschiede, die dabei nicht berücksichtigt werden. Warum werden Bitcoins als Geld bezeichnet? Die Antwort ist ganz einfach. Bitcoins ist ein anerkanntes virtuelles Zahlungsmittel. Die Anwendungsbereiche sind jedoch aktuell sehr stark eingegrenzt. Wie jede andere Währung auch, kann man Bitcoins also nur da einlösen, wo diese auch als Zahlungsmittel akzeptiert werden. Dies ist vorrangig im Internethandel der Fall, auch wenn es vereinzelt Szenelokale und Restaurants gibt, die eine Zahlung mit Bitcoins akzeptieren. Diese Lokale möchten mit dem Trend mitgehen und ziehen durch ihre moderne Art neue Kunden an.

Der Vergleich mit richtigem Geld ist so weit stimmig, da auch bei Bitcoins eine Geldbörse, wenn auch auf elektronische Weise, vorhanden sein muss. Diese wird mittels eines eigenen Kontos eingerichtet und bereitgestellt. Wie auch bei echtem Geld gilt hier auch, ist die Geldbörse leer, muss man sich neue Bitcoins beschaffen. Wie das funktioniert, wird zu einem späteren Zeitpunkt in diesem E-Book erklärt. Sicher kann man als Internetnutzer leicht feststellen, dass die Zahlung über Bitcoin von einem geringen Teil der Händler angeboten wird. Bitcoins sind für viele Händler und Kunden noch relativ unbekannt. Zwar ist die virtuelle Zahlungsweise nicht erst seit gestern am Markt vertreten, doch auch hier gilt, dass man erst zu dem Unbekannten Vertrauen fassen muss. Die Tatsache, dass es sich nur um digitales Geld handelt, verunsichert viele potenzielle Neukunden. Im Netz ist man nur sicher, wenn man Präventionsmaßnahmen einrichtet. Immer wieder tauchen Hackerangriffe in den Schlagzeilen auf. Millionen von Daten werden ergaunert und an dubiose Geldmacher weiterverkauft. Da stellt sich die Frage nach der Sicherheit des virtuellen Geldes automatisch.

5.6 So sieht es die EZB

„Virtuelle Währungen wie Bitcoin sind weder echtes Geld wie es in der Wirtschaftswissenschaft definiert wird, noch sind sie Geld oder eine Währung aus rechtlicher Perspektive"

Wenn neue Zahlungsmittel zur Verfügung stehen, wird bereits im Vorfeld diskutiert, welcher Bereich für dieses Zahlungsmittel am ehesten zutrifft. Doch manchmal kann man ein Zahlungsmittel nicht genau definieren und so ist es schwierig, dieses in eine Schublade einzuordnen. Das deutsche Finanzministerium hingegen spricht bei Bitcoin von einer „Rechnungseinheit". Im Hinblick auf die Steuern, sind Bitcoins als eine „sonstige Leistung" oder ein „privates Veräußerungsgeschäft" zu verbuchen. Ob man nun von Geld, einer Währung oder etwas Ähnlichem sprechen kann, dazu legt sich das deutsche Finanzministerium auch nicht fest. Fakt ist, Bitcoins sind eine Rechnungseinheit. Mehr zum Thema Steuern gibt es im Kapitel „Steuerliche Handhabung". Der Bericht der Europäischen Zentralbank EZB sieht das ein wenig anders. In einen schriftlichen Bericht nimmt man Distanz von solchen Wortspielereien und baut sich eine eigene Definition von der virtuellen Währung.

Definitionen der EZB:

Bitcoins sind eine digitale Repräsentation von Werten, nicht herausgegeben von einer Zentralbank, einem Kreditinstitut oder einer E-Geld-Institution. Der Begriff „Virtual Currency Scheme" beschreibt sowohl den Aspekt des Wertes als auch den eines inhärenten eingebauten Mechanismus der Werttransferierung.

Im Jahr 2012 hatte die EZB schon einmal einen ersten schriftlichen Bericht über das Thema „Virtual Currency Schemes (VCS)" veröffentlicht. Der zweite Bericht wurde aus gegebenem Anlass verfasst, da das gesamte Ökosystem der virtuellen Währungen seitdem deutlich gewachsen ist. Hierbei ist die Rede von Bitcoin. Die Autoren, die den Bericht verfasst haben, zählten insgesamt 500 virtuelle Währungen. Das ist schon eine beeindruckende Zahl. Doch die wenigsten Menschen wissen überhaupt, das es weitere virtuelle Währungen außer Bitcoin gibt. Selbst Bitcoin, als einer der führenden virtuellen Währungseinheiten ist weitestgehend unbekannt. 100 Millionen Nutzer konnte Bitcoin bis 2016 zählen. (Quelle: statista.com). Das hört sich viel an, doch im Vergleich dazu nutzen mehr als 3,4 Milliarden Menschen aktuell das Internet. Es dürften noch einige mehr sein, wenn man die Nutzer von Smartphones mit in diese Zahl einrechnet. Das Unternehmen Bitcoin möchte in der Zukunft bekannter und populärer werden. Die kleineren virtuellen Zahlungsmittel, die am digitalen Markt existieren, haben eine nicht nennenswerte Marktkapitalisierung an den Tag gelegt. Die EZB spricht dabei von sogenannten Scamcoins. Diesen virtuellen Recheneinheiten sollte man mit äußerster Vorsicht begegnen. Im Folgenden wird eine kleine Anzahl an Scamcoins aufgelistet.

Welche Scamcoins gibt es?

Hier mal eine kleine Übersicht von Scamcoins, die man nicht nutzen sollte:

PXC Phenixcoin

BTB Bitbar

MNC Mincoin

GLD Goldcoin

AMC Americancoin

LKY LuckyCoin

MEM MEMEcoin

ARG Argentum

StableCoin

NUG Nuggets

CDC Cloudcoin

CENT Pennies

SYC Skycoin

CL Copperlark

NAN NanoTokens

MST MasterCoin

USC UScoin

GIL

RCH RichCoin

XNC XenCoin

REC RealCoin

RED Recoin

ALF Alphacoin

One Last Coin

ORB Orbitcoin

NUC Nucoin

Der Bericht der EZB veranschaulicht auf knapp 37 Seiten, welche Akteure beziehungsweise Gruppen es rund um virtuelle Währungen gibt. Des Weiteren wird in dem Bericht auf die Vorteile und Risiken hingewiesen. Es werden Fragen geklärt wie zum Beispiel: Sind diese virtuellen Währungen eine Bedrohung für die leitende Arbeit der EZB und wie sie weltweit rechtlich gehandhabt werden. Was die EZB auf den 37 Seiten versucht zu beschreiben, ist vielen Bitcoins Fans sicherlich schon bekannt. Der Bericht der EZB kann als Leitfaden angesehen werden. Dieses E-Book ist jedoch tiefgreifender und einfacher geschrieben und soll es Neueinsteigern erleichtern, mit Bitcoins umzugehen. Wie im Vorfeld erwähnt, gibt es eine große Gruppe an Mitwirkenden, die sich mit der digitalen Währung auseinandersetzen. Welche Akteure das sind, erfahren Sie jetzt.

5.7 Die Akteure rund um Bitcoin

Es gibt genug Akteure und Gruppen rund um eine virtuelle Währung/ Geldeinheit. Die Beteiligten Gruppen sind im Folgenden aufgelistet.

Die Akteure

Als Akteure werden in dem EZB-Bericht Gruppen gemint, die sich als neue Unternehmen auf dem Markt des VCS Ökosystem neu präsentieren. Soll heißen, all diejenigen, die verantwortlich sind, wenn eine neue virtuelle Währungseinheit in Umlauf gebracht wird.

Die Erfinder,

sind die Macher einer neuen virtuellen Währung. Sie sind in einzelnen Fällen bekannt, oft genießen sie aber den Schutz der Anonymität und werden nicht von Medien ausgefragt.

Die Herausgeber,

die Einheiten der virtuellen Währungen erzeugen und produzieren. Diese Gruppe sind nicht mit den Erfindern zu verwechseln. Die Herausgeber kümmern sich nur um die Verwirklichung und den Start am Markt.

Die Miner,

vergleichen entstehende Daten durch etwaige Transaktionen (Blöcke) bereits während des Eingabeprozesses mit einem hinterlegten Strukturmodell beziehungsweise Datenbanken (Blockchain).

Prozess-Dienstleister,

kümmern sich um den Vorgangsprozess der einzelnen Transaktionen. Bei dezentralen und virtuellen Währungseinheiten werden die Prozess-Dienstleister auch als Miner tätig.

Nutzer,

entscheiden sich für das Zahlen mittels der virtuellen Währungseinheit oder diese zu Besitzen. Hierbei sind die Gründe unterschiedliche und unterliegen den eigenen Präferenzen.

Wallet Provider,

sind Anbieter von digitalen Brieftaschen. In so einer digitalen Geldbörse ist der kryptographische Schlüssel der jeweiligen virtuellen Geldeinheit gespeichert. Dies ist die zwingende Voraussetzung, um Transaktionen durchführen.

Börsen,

sind Plätze die den Tausch und Handel der virtuellen Währung erlauben.

Marktplätze,

sind Orte, wo wie im realen Leben Angebot und Nachfrage aufein-andertreffen. Hier können die vom Nutzer erworbenen virtuellen Geldeinheiten für einen Kauf eingesetzt werden.

Des Weiteren wendet sich der EZB-Bericht der tatsächlichen Nutzung von virtuellen Währungen zu. Mit annähernd 69.000 täglich umge-setzten Transaktionen, ist Bitcoin noch stark von dem Transaktions-volumen wie es etwa Visa oder Master Card leisten entfernt. Ein so-genannter „Infektionspunkt" ist bei Bitcoin noch nicht zu erkennen, daher bleibt Bitcoin vorerst noch eine „Nischenwährung."

Vorteile aus Sicht der EZB

Laut dem Bericht bieten virtuelle Währungen viele Vorteile für die Bezahlenden. Diese sind:

* eine kurze Zeit des Wahrheitsnachweises der eigenen Person und sofortige Erfüllung der Transaktion bei einem Kaufgeschäft. So können Waren unmittelbar nach der Transaktion, ohne weitere Verzögerungen, versendet werden.

* Anonymität, durch Nicht-Bekanntmachung von privaten Daten in einer Transaktion. Dies ist ein wichtiger Punkt für die Personen, die ihre Privatsphäre schützen möchten oder müssen. Auch in die-sem Fall gibt es unterschiedliche Beweggründe der Nutzer. Die-ser Vorteil wird besonders gern von Teilnehmern aus kriminellen Kreisen genutzt.

* Schutz vor betrügerischen Zahlungen, wenn es zum Beispiel ei-nem Hacker gelingt Ihre virtuellen Geldeinheiten zu ergaunern und diese in anderen Geschäfte einsetzt.

* Kostenersparnis bei grenzüberschreitenden Zahlungen.

* geringe Kosten für die Akzeptanz von Bitcoins. Hier muss der Händler lediglich eine virtuelle Geldbörse (Wallet) herunterladen,

um künftige Zahlungen zu akzeptieren.

Hierbei gilt, solange kein Payment-Provider involviert ist, also ein Dienstleister der mit den Wallet und den ein- und abgehenden Zahlungen involviert ist, gibt es keinerlei Kosten für den Händler.

* Die Möglichkeit, Produkte weltweit zu kaufen und zu verkaufen.

Die genannten Vorteile sind für Nutzer und Händler sehr verlockend. Dank der virtuellen Währung wie Bitcoin wird die Zahlungsweise auf dem globalen Markt harmonisiert. Doch der Bericht der EZB sieht nicht nur Vorteile, sondern auch zahlreiche Risiken. Diese werden Ihnen jetzt aufgezeigt.

Risiken

Dass die Welt rund um Zahlungsmethoden nicht vollkommen sicher ist, sollte klar sein. Schließlich ist auch Bargeld nicht fälschungssicher. Deshalb werden folgende Probleme im Zusammenhang mit virtuellen Währungen aufgezählt:

* keine Transparenz, welche Personen für jeweilige Informationen zuständig sind. So kann es durchaus geschehen, dass Konsumenten zielgerichtet falsch informiert werden

* unklarer Rechtsstatus und eine fehlende Regulierungsbehörde. Besonders ist zu beachten, dass es keinen Verbraucherschutz und keine Einlagensicherung gibt

* Verlustrisiko durch Börsenpleite

* Kein Schutz vor Betrügern, die sich nur durch eine kurzfristige Erschaffung einer virtuellen Währung konzentrieren und nach kurzer Zeit spurlos verschwinden. Hierbei bleibt der Nutzer auf wertlosen Einheiten sitzen

- Risiko im Sinn mit der IT-Infrastruktur, es gibt keine Garantie für technisches Versagen und keinen vollkommen Schutz vor Hacks

- die hohe Kursschwankung ist ein Handelsrisiko für Nutzer und Händler. Nutzer und Händler müssen ständig den Wert der Währung im Blick behalten

Dem aktuellen Bericht der EZB ist zu entnehmen, dass virtuelle Währungen kein Geld darstellen. Ob sie jedoch zu einer ernstzunehmenden werden können, hängt ganz von dem Volumen der Wirtschaft ab. So beschreibt es auch eine Passage in dem Bericht: „Für die Aufgaben der EZB hinsichtlich der monetären Politik und der Preisstabilität, der Finanzstabilität, der Förderungen flüssiger Zahlungssysteme und enger Überwachung, hängt die Manifestation dieses Risikos vom Volumen der VCS ab, ihrer Verbindung zur Realwirtschaft, dem Handelsvolumen und der Nutzerakzeptanz."

Nach aktuellem Stand gibt es keinen Grund zur Sorge. Die Risikofaktoren werden von der EZB als sehr gering eingeschätzt. Soll aussagen, dass es derzeit kein materielles Risiko für einzelne oder die gesamten Aufgaben der Zentralbanken gibt. Die Weiterentwicklung der möglichen virtuellen Währungen wie Bitcoin müsse dennoch unter Augenschein genommen und beobachtet werden. Ein Versagen so einer virtuellen Währung schädigt das Vertrauen der Nutzer in solche elektronischen Zahlungssysteme. Bezüglich der rechtlichen Handhabung, und das damit in Verbindung stehende Konfliktpotenzial, hält sich der Bericht der EZB sehr bedeckt. So nennt er in einer gut ausgearbeiteten Liste die rechtlichen Umstände zu bestehenden virtuellen Währungen in fast jedem relevanten Land der Welt, jedoch macht die EZB selber keine eigenen Vorschläge dazu. Es wird zwar betont, dass die Thematik bei den zuständigen EU-Behörden angekommen sei und heftig diskutiert wird, aber wie auch in anderen Belangen bleibt es dabei. Diese doch so unterschiedlichen Ansichten der einzelnen Staaten machen es einer virtuellen Währung wie Bitcoin sehr schwer zu wachsen. Viele Nutzer werden durch unwahre Aussagen verunsichert.

Unsichere Nutzer werden folglich auch nicht auf Bitcoins als Zahlungsmittel zurückgreifen. Wie funktioniert eine Zahlung mit Bitcoins und wie läuft die damit verbundene Transaktion ab? Auf diese Frage finden Sie im späteren Verlauf des Buches im Kapitel 11 „Transkationen" eine Antwort. Weiterlesen lohnt sich!

5.8 Ist Bitcoin eine Währung oder ein Wertpapier?

Bitcoin selber sieht sich als stark wachsende digitale Währung. Kritiker dagegen bleiben skeptisch. Eine Währung hat es immer schwer, das zeigt uns die Geschichte mehrere Börsencrashs. Der folgenreichste war der sogenannte „Schwarzer Donnerstag" im englischen auch als „Black Thursday" bekannt. Dieser Börsencrash begann am 24. Oktober 1929. Die Welt hielt dem Atem an. Bereits in den Vorwochen war ein deutlicher Rückgang des Dow-Jones-Indexes zu erkennen. Der Tiefpunkt fand dann am 29. Oktober desselben Jahres, den schwarzen Dienstag im englischen Black Thursday, statt. Die Anleger waren stark verunsichert und es brach Panik unter dem Spekulanten aus. Die Folge, die Börsenkurse brachen ein. Viele Neulinge an der Börse waren nach diesem verehrenden Ereignis hoch verschuldet. Einige nahmen sich sogar aus Angst vor den Konsequenzen das Leben. Dieser Börsencrash gilt noch bis heute als Auslöser der bekannten Great Depression in den Vereinigenden Staaten und der damit verbundenen Weltwirtschaftskrise. Auch die jüngere Geschichte lehrt uns, dass sich solche Weltwirtschaftskrisen immer wiederholen. Die jüngste im Jahr 2009 haben wir gerade überwunden, wobei einzelne Staaten wie Griechenland, Spanien und Portugal noch bis heute bemüht sind, eine stabile Wirtschaft zu gewährleisten. Wenn diese Geschehnisse bei einer realen Währung stattfinden, können diese genauso bei einer digitalen Währung wie Bitcoin plötzlich auftreten. Deshalb muss eine Währung eine gewisse Stabilität und ein hohes Maß an Sicherheit aufweisen. Und genau mit diesen Eigenschaften hat das digitale Zahlungsmittel stark zu kämpfen. Im Gegensatz zu einer konventionellen Währung haben Bitcoins keinen unmittelbaren materiellen Bezug. Reale Währungen haben immer einen Bezug zu den Goldreserven oder zum Bruttoinlandsprodukt eines Staates. Bitcoin hingegen hat nur einen Bezug zu realem Geld. Somit ist wieder eine Abhängigkeit zu erkennen. So wird der Wert von Bitcoins über eine Währung wie Dollar, Euro oder Yen ausgedrückt. Genauso verhält es sich mit einem Wertpapier/Aktie. Somit ist Bitcoin in Fachkreisen kein wirkliches Geld, sondern es bleibt eine Wertanlage, die man eben halt wie gewöhnliches Geld nutzen kann. Wertpapiere eignen sich in manchen Fällen auch als Zahlungsmittel. Handelt es sich bei einem Verkauf in Millionenhöhe, so wird dem Verkäufer meist ein Aktienanteil zugesprochen, den der Abnehmer dann zu einen späteren Zeitpunkt wieder in echtes Geld umwandeln kann. Genau nach diesem Schema funktionieren Bitcoins.

Die Qualität der Währung wird vorrangig an ihrer Stabilität gemessen. Bestehende reale Währungen, die wir Tag für Tag nutzen, wie der Dollar, Yen oder Euro sind schon allein vom Volumen her gesehen, mit dem Volumen der Bitcoins nicht zu vergleichen. Und genau hier liegt die Problematik. Das aktuelle Bitcoin-Volumen beträgt umgerechnet ungefähr 1,2 Milliarden Dollar. Das hört sich für Laien sehr viel an, es ist jedoch im Vergleich zu den knapp zehn Billionen Euro in Europa sehr gering.

Das macht Bitcoin zu einer sehr instabilen Währung. Der Wechselkurs ist sehr stark schwankend, da er von Spekulanten und Währungszockern als Spielball genutzt wird. Der Nachteil für Bitcoin besteht darin, dass hinter dem Zahlungsmittel keine Institution wie zum Beispiel eine Zentralbank steht, welche bei einem schwankenden Wechselkurs durch Investition eine gewisse Stabilität garantiert. Und wenn dann noch Hackerattacken im großen Stil erfolgreich Geld von diversen Bitcoins-Handelsplattformen, wie es eben auch bei Mt.Gox geschehen ist, ergaunern, dann ist die logische Folge, dass die scheinbare Stabilität sofort einbricht. Und das hat dramatische und unabsehbare Folgen auf den Kursverlauf.

5.9 Wie sicher sind eigentlich Bitcoins?

Ein eigenes Ökosystem ist sehr vielschichtig aufgebaut. Genauso verhält es sich auch bei den Bitcoins. Unterschiedliche Faktoren und Elemente müssen reibungslos ineinandergreifen, damit eine Sicherheit garantiert werden kann. Eine Vielzahl an Dienstleistern, Händlern oder Onlineportalen bieten Waren oder Services gegen Bitcoins an. Wer genauer hinschaut, wird in der Struktur eine gefährliche Abhängigkeit entdecken. Hacker untersuchen dabei alle Möglichkeiten, die sich an und in der Umgebung des Zahlungsmittels auftun. Sie bereiten sich gezielt auf ihr Handeln vor und gehen dabei mit äußerster Sorgfalt vor. Immer wieder werden Bitcoin Websites Angriffsziele von Hackern. Jeder möchte vom großen Kuchen einen kleinen Teil oder vielleicht doch ein wenig mehr abhaben. In der Regel werden Onlineportale, die mit Bitcoin zusammenarbeiten, immer mit derselben Machart überfallen. Dabei werden diese Webseiten mit der berüchtigten „DDoS Attacke" angegriffen. Dies ist eine Art Überlastungsmanöver. Hierzu werden die Server durch massenhafte Anfragen überlastet und kompromittiert. Letzteres bedeutet, dass Unbefugte eindringen in ein Computernetzwerk/-system, um es auszuspionieren oder dort gespeicherte Daten zu manipulieren. Solche Angriffe sind besonders schwer abzuwehren oder gar zu verhindern. Eine bestehende Website kann nicht unterscheiden, ob es sich um einen Besucheransturm handelt oder ein Angriff eines Hackers verübt wird.

Die E-Mail als Zentralschlüssel

Unter Hackern ist die E-Mail als Zentralschlüssel schon weitaus bekannt. Eine geknackte E-Mail öffnet neue Türen. Hat man es geschafft diese Daten zu erspähen, kann man frei auf die E-Mail der Personen zugreifen. Mit diesen Daten kann man recht einfach und schnell den Zugang zu weiteren Webseiten erlangen. Die meisten Websites lassen die E-Mail als Benutzername zu und das ist genau der Knackpunkt. Einfacher geht es wirklich nicht. Das ist zu vergleichen mit einem

Abdruck eines Zentralschlüssels. Denn der Gauner kann nun einfach den Button „Passwort vergessen" klicken und schon wird eine E-Mail mit dem neuen Zugangslink zugesendet. Was für E-Mails gilt, trifft genauso auf Bitcoin zu.

Bitcoin Sicherheit: Die meisten Websites sind zentralisiert

In der Regel werden die meisten Websites und die dazugehörigen Portale über ein und denselben Hoster betrieben. Wenn man nun in der Lage ist, den Hoster zu knacken, dann hat man die Macht, alle Webseiten, die über den Hoster laufen, zu kontrollieren. Wenn man diese Vorgehensweise einmal auf das Thema Bitcoins bezieht, so wird schnell klar, dass diese Möglichkeit sehr gefährlich werden kann.

Dieses Szenario ist auch bei den Betreibern von Bitcoin-verwandten Internetseiten zu erkennen. In Bezug auf einen Bericht der newsBTC hatte man das Schema näher untersucht und als gleich herausgestellt. Denn alle Anbieter gehören zum Cloudhosting. Der führende Anbieter, der die Fäden zusammenhält, nennt sich CloudFlare. Die Liste der darunter zusammengehaltenen Branchengrößen ist lang. Unter anderem zählen Unternehmen wie BitPay, Bitgo, Coinbase, Kraken, LocalBitcoins, Purse.io und Shapeshift.io dazu. Alle zusammen nutzen die Dienste wie DNS (Domain) und CDN (Bereitstellung der Websiteinhalte) von CloudFlare. Somit wird die Abhängigkeit der großen Portale, die ja ein Teil des gesamten Bitcoin Systems darstellen, von CloudFlare sichtbar.

Struktur widerspricht der Bitcoin Idee

Der Grundgedanke des Bitcoin System liegt eben in der Dezentralität und den damit verbundenen Vorteilen wie dem so wichtigen Vertrauen in die bestehende, aber auch ständig wachsende Community. Wie bereits erwähnt wurde, ist das Vertrauen enorm wichtig, um Geld zu einer gewissen Stabilität zu verhelfen. Die oben erwähnte und auch von Bitcoin angewandte Struktur widerspricht der Idee von Bitcoin im höchsten Maße.

Wenn ein solches Szenario tatsächlich eintreten sollte, kann sich jeder von uns vorstellen, welche katastrophalen Folgen diese für Bitcoin haben dürften. Bitcoin selber vertraut auf die eigenen Sicherheitsmaßnahmen, die rund um das digitale Geld erschaffen wurden, doch die Vergangenheit zeigt es immer wieder, dass auch die besten Schutzmaßnahmen manchmal eine Schwäche aufweisen. Und genau auf so eine Gelegenheit warten viele Menschen. So sicher auch die Vorkehrungen von CloudFlare sein mögen, ein digitaler Überfall ist niemals auszuschließen. Wie schnell das gehen kann, zeigt der Fall Mt.Gox. Diese Website war bereits im Bitcoin System etabliert und genoss ein hohes Ansehen bei den Nutzern. Mt.Gox (engl. Mt.Gox Co. Ltd.) war einer der weltweit größten Handelsplätze für Bitcoins. Es wurde 2009 als Tauschplatz für Sammelkarten gegründet, im Jahr 2010 zu einer Bitcoin-Börse umgewidmet und schnell einer der wichtigsten Wettbewerber im Bitcoin-Handel. Im August 2013 wurden 60 Prozent des weltweiten Bitcoin-Handelsvolumens über die Plattform vermittelt. Das eben auch so ein großer und wichtiger Marktplatz dem Untergang geweiht war, verdankt man einen Hack Namens Bitcoinica.

Was geschah?

Solche Hacks sind in der Szene Klassiker und werden als Legenden angesehen. Was im Detail geschah, wird wohl für immer ein Geheimnis bleiben. Denn keiner der Verantwortlichen weiß genau, was geschah. Eine mögliche Variante soll sein, dass der Anarchist Amir Taaki nach einem Audit den Source-Code der Handelsbörse 2012 eigenmächtig zu einen Open Source umgeschrieben haben soll. Diese Aussage ist nur rein spekulativ und konnte bisher nicht bewiesen werden. Eines ist sicher, das Bitcoinica daraufhin gleich zweimal im Jahr 2012, nämlich im Mai und Juli, zum Ziel eines Hackerangriffs wurde. Wie in der vorher beschriebenen Methode konnte ein einziger Hacker über eine E-Mail den Zugang zum Server der Börse finden. Man kann dies mit einem Überfall auf eine Bank vergleichen. Die E-Mail war der Schlüssel zum Tresor. So konnte er die gesamte Hot Wallet leer räumen und ergaunerte somit eine Gesamtsumme von ungefähr 20.000 Bitcoin. Das entspricht einem Wert von umgerechnet fast 23,5 Millionen Euro. Der Schaden war beträchtlich und der Gründer von Bitcoinica, Zhou Tong, der zu diesem Zeitpunkt erst 18 Jahre jung war, versprach allen betroffenen Kunden eine Entschädigung. Doch Zeit zur Erholung blieb nicht. Bereits zwei Monate später, also im Juli, gelang es einem weiteren Hacker sich in die Server des Cloud-Services des Providers Names Linode einzudringen. Über diesen Weg wurden erneut die Hot Wallets von der Handelsbörse Bitcoinicas geleert. Das war zu viel des Guten. Bitcoinica musste daraufhin Insolvenz anmelden. Neben dem Bitcoinica-Hack fand gleichzeitig ein Hack auf MtGox statt. In welcher Verbindung diese beiden digitalen Banküberfälle stehen, ist bis heute unklar. Sicher ist, dass die Abhängigkeit von einer Bezugsquelle ist, die das ökonomische System von Bitcoin zum Wanken bringt. Dies konnte man bei der Preisentwicklung von Bitcoin verfolgen. Der Preisverfall binnen weniger Sekunden war groß, da viele Spekulanten verunsichert waren, wie es mit Bitcoin weitergehen wird. Nach diesen Ereignissen wurde einer der aktuell führenden Dollar-Börsen Bitfinex aufgebaut. Bei dieser Börse handelt es sich um einen überarbeiteten Code von Bitcoinica. Vom Ablauf her die gleiche Vorgehensweise. Diese Angriffe waren in der Geschichte von Bitcoin bei weitem nicht die einzigen auf Seiten, die Bitcoin als virtuelles Zahlungsmittel akzeptieren. Es ist zu erkennen, dass Kriminelle immer wieder versuchen, durch Hacks Bitcoins zu ergaunern. Das Internet macht es möglich. Für Hacker ist es leicht, die Spuren im Netz zu verwischen und es bildet sich unter den Angreifern eine Gruppe, so kann das geballte Know-how schwere Folgen für Bitcoin haben. Doch es gibt noch eine weitere beliebte Angriffsmethode, die wir Ihnen nicht vorenthalten wollen.

5.9.1 Die 51-%-Attacke

Jedes System hat Lücken und ist so verwundbar. Auch das Bitcoin System ist nicht perfekt. Das gibt vielen Angreifern die Möglichkeit, ihr Glück bei einem Beutezug mittels der 51-%-Attacke zu versuchen.

In diesem Abschnitt geht es um die 51-%-Attacke. Fragen wie, was ist die 51-%-Attacke und wie kann man sie verhindern, werden in dem nachstehenden Content erklärt.

„Be your own bank (Sei Deine eigene Bank)" ist einer der wohl bekanntesten Slogans der Bitcoin-Community. Dieser Slogan soll alle Freunde der dezentralen Organisation ansprechen. Zu oft wird durch solche Aussagen der fehlerhafte Eindruck vermittelt, dass „Alles für alle und das umsonst" ist. An dem ist jedoch nicht so. Wenn wir ein Bankensystem dezentralisieren möchten, dann müssen wir auch die damit verbundene Verantwortung, die in jeder einzelnen Hand der Nutzer liegt, dezentralisieren. Das bedeutet, dass die gesamte Community nicht nur Nutzer sein können, sondern eben auch aufgeklärte und kritische Nutzer sein müssen. Das Hauptaugenmerk der Nutzer sollte die Blockchain sein. Nur wer die Signale eines Angriffs kennt und deuten kann, ist in der Lage den bevorstehenden Angriff zu unterbinden. Deshalb wird im Folgenden auf die Funktionsweise der 51-%-Attacke hingewiesen. Betrachten wir deshalb nun einmal die 51-%-Attacke im Detail.

Wie genau funktioniert die 51-%-Attacke?

Die Bitcoin-Infrastruktur besteht im Groben aus den Nutzern und den damit bereitgestellten Wallets, die es von den unterschiedlichsten Anbietern gibt, den Minern und den sogenannten Nodes. Dabei sind die Nodes dafür verantwortlich, das Bitcoin Netzwerk aufrecht zu erhalten. Nur so kann das Verwalten der einzelnen Transaktionen sichergestellt werden. Die Nodes garantieren, dass alle Transaktionen den Regeln entsprechend ausgeführt werden. Die Miner haben schließlich die Aufgabe, Transaktionen zu blocken und zu bündeln und diese an die Blockchain zu übermitteln und anzuhängen.

Damit die Erklärung einfach und verständlich ist, betrachten wir folgendes Szenario:

Ein Hacker, der einen Angriff startet, hat mit seiner Vorgehensweise Erfolg und schafft es so über 50 Prozent der Miner zu stellen. Auf der Webseite blockchain.info kann man leicht und schnell eine erste Übersicht gewinnen. Die drei großen Mining-Pools Namens Antpool, F2 Pool und Btcc Pool haben zusammen mehr als 50 Prozent der Hashrate.

Was ist die Hashrate?

Sie ist die Geschwindigkeit, in der ein Computer eine Operation im Bitcoin-Code verarbeitet. Anders ausgedrückt: Die Hash-Rate beschreibt die Rechenkraft des Bitcoin-Netzwerks.

Quelle: *https://www.bitcoin-welt.com/bitcoin-lexikon/bitcoin-hash-rate/*

Angesichts der Tatsache, dass die drei großen namenhaften Mining-Pools bereits über 50 Prozent Hashrate aufweisen können, ist die Sorge nicht rein hypothetisch zu betrachten, sondern kann schnell Realität werden. Im Hinblick auf Scamcoins/Altcoin s ist dieses Worst Case Szenario schon aufgetreten.

Nun stellt sich die Frage, was könnten die Mining-Pools mit dem Anteil von mehr als 50 Prozent erreichen?

Um das zu klären, gehen wir mal zu den Wurzeln der Anfänge von Bitcoin zurück. Nach Satoshi Nakamotos kann man errechnen, wie wahrscheinlich es ist, ob ein Angreifer die eigene erstellte Blockchain durchbrechen kann. In der unteren Grafik wird dies verdeutlicht.

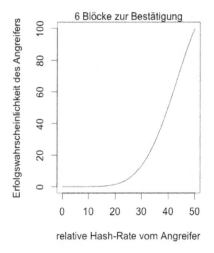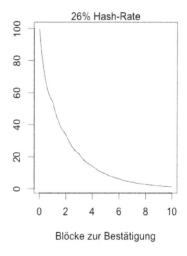

Quelle: https://www.btc-echo.de/wp-content/uploads/2016/02/
Rplot04.png

„In den Abbildungen ist die Erfolgsaussicht als Erfolgswahrschein-lichkeit dargestellt. Links in Abhängigkeit der relativen Hashrate des Angreifers (bei einer Annahme von sechs Bestätigungen einer Trans-aktion) und rechts in Abhängigkeit der Anzahl an Transaktionen (bei Annahme einer relativen Hash-Rate von 26 Prozent auf Seiten des Angreifers)."

Schnell erkennt man, dass wenn die Hashrate des potenziellen Angrei-fers gleich oder größer als die des Gegners ist, so ist die Wahrschein-lichkeit, Dinge zu ändern, gleich eins. Das drückt aus, dass jemand, der mehr als 50 Prozent Anteil der Hashrate für sich gewinnen kann, unglaublich viel Macht ausüben kann. Die vorangegangene Formel würde also immer zu seinen Gunsten entschieden. Des Weiteren sollte man bedenken, auch wenn diese Vorgehensweise als 51% Attacke be-nannt und bekannt ist, weil der Angreifer also mehr als 50 Prozent der

Hashrate für den Angriff benötigt, kann man anhand der von Nakamoto beschriebenen Formel erkennen, dass bei einer geringeren Kontrolle die Erfolgswahrscheinlichkeit eines Angriffes einfach kleiner ist. Im Umkehrschluss soll das aber nicht bedeuten, dass man gar keinen Erfolg hätte. Also kann man sich nicht einfach an den überall beschriebenen Prozenten festlegen. So ist es eben doch möglich, mit deutlich weniger Hashrate Anteil, als die besagten 51 Prozent, eine Menge Unsinn zu produzieren.

Eventuelle Möglichkeiten der 51%-Attacke

Doch was kann nun ein Angreifer mit einer erfolgreichen Attacke vorhaben?

Solange ein Angreifer die Kontrolle über das Bitcoin System behält, könnte er zum Beispiel double-spent transactions durchführen. Der Fachbegriff kommt aus dem englischen und bedeutet, dass Transaktionen umkehrbar sind und dadurch woandershin transferiert werden könnten. Das würde ein Riesen-Chaos im Bitcoin-Ökosystem herbeiführen und dieses vollkommen aus dem Gleichgewicht bringen. Weiterhin könnte der Angreifer beliebig viele Transaktionen verhindern oder genauer gesagt, ihnen keine Bestätigungen zusichern. Dann würde diese auch nicht ausgeführt werden können. Dem Angreifer steht dann sogar zu, gezielt bestimmte Zahlungen zu manipulieren beziehungsweise zu sperren und damit einzelne Firmen in die Insolvenz zwingen. Des Weiteren hat er die Gelegenheit, beliebig viele Miner davon abzuhalten, gültige Blocks zu minen und die dafür bezogenen Rewards (Belohnungen) für sich selbst beanspruchen. Wenn man sich einmal veranschaulicht, wie viele Möglichkeiten zur Manipulation bis hin zur Veruntreuung sich für den Angreifer auftun, darf man die Gefahr nicht unterschätzen.

Welche Präventionsmaßnahmen gibt es und was kann man gegen eine solche 51 Prozent Attacke tun?

Das Positive an der Blockchain ist, dass alle Vorgänge transparent sind. Alle Teilnehmer können die Blockchain im Auge behalten. Die

Aktivitäten kann man direkt auf der Webseite Blockchain.info verfolgen, welche Mining Pools, welche Blocks gefunden haben. Das ist sicher kein generelles Gegenmittel, hilft aber ungemein, Vorzeichen eines Angriffes zu erkennen. Erkennen würde man dies übrigens, wenn es gewisse Mining Pools gibt, die häufig ein und denselben Block der Blockchain ansteuern. Im Fall von Bitcoin ist es sonst sehr schwer, als Einzelner etwas gegen eine Bedrohung durch einen Angriff zu unternehmen. So kann man nicht einfach dafür sorgen, dass die guten Miner eine höhere Hashrate bekommen. Ein Vorschlag aus der Vergangenheit war es, einen Gegenangriff mittels einer DDoS-Attacke abzuwehren. Doch auf Dauer kann dies auch nicht als Ideallösung betrachtet werden.

Tatsächlich gibt es eine Maßnahme, die jeder normale Nutzer in so einem Angriffsfall umsetzen kann. Der einzelne Nutzer kann die Bestätigungen einer Transaktionszahl zur Abwehr von doppelten Transaktionen erhöhen. Sollte es wirklich einem Angreifer gelingen, mehr als 50 Prozent der Hashrate für sich beanspruchen zu können, so würde das zwar nichts an der Tatsache ändern, dass seine Blockchain sich durchsetzen würde, aber es verschafft einem mehr Zeit zu reagieren. Eine Hashrate mit über 50 Prozent aufrecht zu erhalten ist bei Bitcoin recht kostenintensiv. Mit der zusätzlich gewonnenen Zeit kann man also den Angreifer dazu bringen, seine Blockchain aufzugeben, wenn er nicht über ausreichend Kapital verfügt.

Gavin Andersen, der die Entwicklung von Bitcoin seit 2010 lenkt, äußerte sich im Hinblick auf die 51 Prozent Attacke mit diesem Satz „That would be bad" (Das wäre schlecht) zwar recht kritisch, aber er lässt auch durchblicken, dass es generell recht einfach wäre, sich auch aus einem Entwickler-Standpunkt her dagegen zu verteidigen. Des Weiteren meinte Gavin Andersen, dass ein Angreifer nicht nur einen übermäßig großen Anteil an der Hashrate innehaben muss, sondern auch einen Löwenanteil an Bitcoins auf Tasche haben sollte, die er aus einer Zeit vor dem Angriff haben müsste. Daher ist die 51 Prozent Attacke am Ende gesehen sehr aufwendig und kostenintensiv für den

Angreifer und das wiederum schreckt viele potenzielle Angreifer ab.

Zusammenfassend bedeutet das, dass eine 51 Prozent-Attacke auf das Bitcoin-Imperium zwar eine realistische und ernste Sache sei, die jedoch schnell festgestellt werden kann. So kann jeder einzelne Nutzer zumindest sein Handeln beitragen. Wichtig ist, wie bereits am Anfang erwähnt wurde, dass wir den Slogan „Be your own bank" und die damit verbundene Verantwortung ernst nehmen und das Bitcoin-Netzwerk im Auge behalten. Hier noch mal die Website: **blockchain.info**

Die Zukunft wird zeigen, wie sich Bitcoins entwickelt.

5.10 Eigenschaften

Fälschungssicherheit

Eine Fälschung von Einheiten oder Transaktionen ist nach aktuellem Stand nicht möglich. Das verwendete asymmetrische kryptografische Verfahren, welches digitale Signaturen erzeugt und überprüft, lässt Fälschungen nicht zu (Stand 2016). Auch ein Betrug, wie es zum Beispiel das doppelte Ausgeben derselben Bitcoins darstellt, wird durch das Proof-of-Work-Verfahren unterbunden. Wie im Kapitel Sicherheit bereits beschrieben, ist der Aufwand für einen Angreifer enorm. Er müsste im Durchschnitt überwiegend viel Rechenzeit, mehr als die gesamten ehrlichen Bitcoin-Teilnehmer zusammen, aufwenden, um das Proof-of-Work-Verfahren auszutricksen. Dies gilt jedoch nur für Transaktionen, die auch bereits bestätigt wurden.

Kosten und Ausführungsgeschwindigkeit

Zahlungen lassen sich ganz ohne Mitwirkung von irgendwelchen Behörden und Finanzinstituten zwischen den Beteiligten abwickeln. Nach heutigem Stand (2016) muss man eine Gebühr von mindestens 0,00001 Bitcoins/kB = 0,01 mBTC/kB (bei einem Kurs von 600 € etwa 0,6 Euro-Cent/kB) aufwenden. Nach einer Empfehlung unabhängiger Experten, könnte der Wert von 0,5 mBTC/kB (3 Euro-Cent/kB) ebenfalls als realistisch betrachtet werden. Wird die Gebühr einer

Transaktion freiwillig erhöht, kann dadurch der Bestätigungsvorgang mittels einer höheren Priorität bei der Berechnung beschleunigt werden. Die Gebühr wird dem Teilnehmer zu Teil, der einen neuen Block mit dieser Transaktion erzeugt. Durch eine freiwillige Anhebung der Gebühr soll verhindert werden, dass das Netzwerk gezielt durch übermäßig kleine Transaktionen überlastet wird. Diese Transaktionsgebühren sind für den Erhalt des Netzes unabdingbar und werden auch in die Bereitstellung von Rechenleistung einbezogen. Eine Zahlung wird dann bestätigt, wenn ein neuer Block erzeugt wurde. Dieser Vorgang kann bis zu zehn Minuten dauern.

Dezentralität

Durch die Peer-to-Peer-Struktur des Systems gilt es als völlig dezentral. Dies ähnelt den Systemen, wie sie bei dem Anbieter BitTorrent zum Einsatz kommen.

Schreibweise und Symbole

BTC und XBT sind die im Moment gängigsten Abkürzungen für die Währungseinheit. Diese sind an die Dreibuchstaben-Codes der ISO 4217 angelehnt. Einzelne Webseiten verwenden auch das Symbol der thailändischen Währung, dem Baht ☐ (U+0E3F). Ein Baht wird mit einem senkrechten Strich dargestellt. Für kleine Recheneinheiten wird neben dem Begriff „Bitcent" die Bezeichnung mBTC verwendet. Dabei steht das m vor BTC für milli. Die kleinste Einheit im jetzigen Protokoll als darstellbare Unterteilung von 1/100.000.000 wurde zu Ehren des Bitcoins-Erfinders als „Satoshi" benannt. Im Monat November des Jahres 2015 wurde U+20BF als Codepoint des Bitcoin-Symbols bestimmt.

Irreversibilität von Transaktionen

Einmal in der Blockchain bestätigte Zahlungen können nicht wieder rückgängig gemacht werden. Das ist im Online-Handel ein Riesenvorteil für den Verkäufer. So können Rückbuchungen von Zahlungen bei betrügerischen Käufen unterbunden werden. Ein Nachteil für den

Nutzer besteht darin, dass einmal falsch überwiesenes Geld auch nicht wieder rückgängig gemacht werden kann. Der Nutzer des falsch angewiesen Betrages kann nicht aus eigener Kraft die Daten über den falschen Empfänger bekommen, da alle Daten innerhalb des Bitcoins-System für den einzelnen Nutzer anonym sind. Hier muss man dann den Kontakt zu Bitcoin herstellen, dass das Unternehmen den Nutzer ermittelt und diesen gegebenenfalls über die falsche Überweisung informiert. Die unabsichtliche Eingabe von falschen Adressen durch Tippfehler, wird durch eine Auswertung mit einer Prüfsumme verhindert.

Eines der Hauptprobleme bei der Einführung von Bitcoin als virtuelle Währung war die Verteilung der Geld-/Recheneinheiten. Bei einer staatlichen Währung wird durch ein Zahlungsversprechen die Wiederausgabe von entsprechenden Stellen gedeckt. Soll am Beispiel Euro heißen, dass die Läden auch einen Umtausch beziehungsweise eine Wiederausgabe in Euro ermöglichen. Dies war gerade am Anfang bei Bitcoin nicht der Fall. Somit waren Bitcoins anfänglich wie wertlos anzusehen. Auch die Nutzbarkeit war am Anfang so gut wie nicht gegeben. Erst nachdem immer mehr Nutzer und Händler Bitcoin als Zahlungsmittel vertrauten, wurde der Weg für den jetzigen Standard frei.

Neue Geldeinheiten werden nach einem bestimmten Prinzip verteilt, welches die Unterstützung des Netzwerks durch das Bereitstellen von Rechenleistungen belohnt. Diesen Vorgang nennt man Minig. Im nächsten Kapital wird genau beschrieben, was Minig ist und wie es funktioniert. Man darf gespannt sein. Eine andere Eigenschaft des Bitcooin-Systems ist es, dass im Verlauf der Zeit immer weniger Geldeinheiten erzeugt und bereitgestellt werden. Dadurch wurde es den Teilnehmern gerade in der Anfangsphase des Systems ermöglicht, schneller und mit wenig verbundenem Aufwand eigene Geldeinheiten zu generieren (Schürfen von Geldeinheiten/Minig). Mit steigender Teilnehmerzahl und Rechenleistung wird es für den einzelnen Bitcoin-Nutzer immer schwieriger, Bitcoins zu produzieren.

Top 10 der Kryptowährungen

Gesamtwert aller sich im Umlauf befindenden Coins (in Mio. US-Dollar, Stand: 15.01.2015)

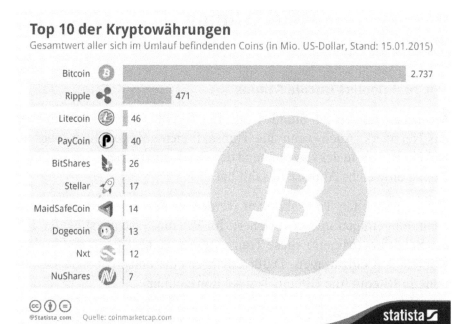

Quelle: coinmarketcap.com

statista

6. Mining

Wie funktioniert Bitcoin Mining?

Menschen tätigen 24 Stunden am Tag Bitcoins-Transaktionen über das Netzwerk. Auch wenn alle Transaktionen aufgezeichnet werden, ist kein Nutzer in der Lage anhand der Daten einzusehen, wer welchen Betrag an welche Adresse gezahlt hat.

Die gesammelten Transaktionen werden in der sogenannten Blockchain eingetragen und gespeichert. Im Bitcoin-System ist es der Job des Schürfers (Miners), diese Transaktionen zu bestätigen und in dem Kontenbuch einzutragen. Dafür erhält er eine entsprechende Belohnung in Bitcoin (die Bitcoin Transaktionsgebühr).

Einen Hash erzeugen

Das Kontenbuch ist nichts anderes als eine sehr lange Liste mit allen eingetragen Blocks, die Blockchain.

Das Hauptbuch muss vertrauenswürdig sein. Dass dies so bleibt, garantieren die Miner.

Wenn ein neuer Block durch Transaktionen erzeugt wurde, lassen sie die Miner einen standardisierten Prozess durchlaufen. Sie entnehmen die Informationen und wenden eine im System verankerte mathematische Formel an, die dann die Transaktion umwandelt. Nach der Umwandlung ist die Transaktion etwas viel Kürzeres. Eigentlich besteht die Transaktion dann nur noch aus einer Aneinanderreihung von Buchstaben und Zahlen. Diese Anreihung wird in der Fachsprache als Hash bezeichnet. Dieser Hash wird im Block am Ende der Blockchain aufbewahrt und auf Dauer gespeichert.

Es ist sehr einfach, einen Hash zu erzeugen, aber nahezu unmöglich zu entschlüsseln, was es zuvor war. Aus der Vielzahl von Kombinationsmöglichkeiten aus Zahlen und Buchstaben ist jeder Hash einzigartig. Wird auch nur ein einziges Zeichen im Block geändert wird, so verändert sich der Hash.

Um einen neuen Hash zu erzeugen, nutzen die Miner nicht nur die Daten der Transaktion im Block. Es werden auch andere zusätzliche Daten hinzugezogen. Ein Teil der Daten des Hashs befinden sich im letzten Block der Blockchain.

Jeder neue Hash eines Blocks benutzt Daten aus dem zuvor eingetragen Hash im Block. So wird quasi ein unsichtbares Wasserzeichen gesetzt. Und so bestätigt der neue Hash die Gültigkeit des bestehenden Hashs. Sollte dieser manipuliert wurden sein, würden dies die Nutzer auf blockchain.info bemerken.

Versucht jemand eine Transaktion zu manipulieren, indem er vorhat, den Block zu ändern, der bereits in der Blockchain eingetragen ist, so müsste er auch den Hash verändern. Würde dies geschehen, so kann die Echtheit des Blocks mithilfe der Hashingfunktion überprüft werden. So würde direkt festgestellt werden können, dass der Hash nicht identisch mit dem Eintrag der Blockchain ist. Der Block würde dies sofort als Fälschung erkennen.

Der Wettkampf um die Bitcoins

So funktioniert die Suche der Miner nach Blocks im Netzwerk:

Alle Miner konkurrieren untereinander. Sie verwenden alle eine spezielle Software, um neue Blocks im Netzwerk ausfindig zu machen. Erzeugt ein Nutzer erfolgreich einen neuen Hash, erhält er dafür aktuell 25 Bitcoins. Die Blockchain bekommt dazu ein Update und die anderen Nutzer erfahren davon. Das ist der Anreiz für das Mining und es ist das, was die Transaktionen aufrecht hält. Das Hauptproblem ist, dass es dank unserer Computer sehr einfach ist, aus einer bestehenden Datensammlung einen Hash zu erzeugen. Daher muss es im Bitcoin Netzwerk eine Hürde geben, sonst würden die Nutzer hunderte Blocks innerhalb weniger Sekunden hashen und alle Bitcoins wären in wenigen Stunden geschürft. Daher macht es das Bitcoin-Protokoll mit der Einführung eines so genannten Arbeitsnachweises absichtlich schwerer. Das macht das Mining für die Nutzer mit der Zeit immer schwieriger, sodass diese mehr Zeit investieren müssen, um Bitcoins zu schürfen. Das Netzwerk von Bitcoin ist speziell und akzeptiert nicht einfach die alten Hashs. Der Block Hash muss nach einen bestimmten Muster aufgebaut sein. So besteht ein Hash am Anfang aus einer bestimmten Anzahl von Nullen. Es gibt keine Chance vorab zu wissen, wie ein zukünftiger Hash aussieht. Wird ein Stück Datensatz von den vorangehenden Hashs aus der Blockchain hinzugefügt, bekommt jeder neue Hash eine unverkennbare Kombination aus Zahlen und Buchstaben.

Diese Sicherheitsvorkehrung wurde geschaffen und ist sinnvoll, da sich eben auch die Miner nicht in Blockchain Einträge einmischen sollen. Doch um einen neuen Hash zu erzeugen, müssen eben gewisse Daten des alten Hash verwendet werden. Diesen Vorgang bezeichnet man als „None". Der None wird zusammen mit der angewiesenen Transaktion verwendet, um einen aktuellen Hash zu erzeugen. Wenn der neue Hash nicht das benötigte Format findet, so wird die None geändert und der gesamte Hash ändert sich in der Aufbauweise. In der Praxis sind mehrere Versuche notwendig, um auf die passende None zu stoßen. Deswegen machen das die Miner meist im Verband zur identischen Zeit und im gleichen Netzwerk. Wird die None gefunden, so werden die damit erstandenen Bitcoins auf alle Miner gerecht verteilt. Bei der gerechten Verteilung wird die Leitung jedes einzelnen Miners berücksichtigt. So verdienen die Miner ihre Bitcoins.

Welche Arten von Mining gibt es?

Es gibt zwei Arten wie man Bitcoins minen kann. Als Erstes kann man als sogenannter ASIC Miner selbst Bitcoins direkt auf dem heimischen PC aus schürfen. Als zweite Variante gibt es das Cloud-Mining. Wer ein entsprechendes Entgelt an einen Cloudmininganbieter zahlt, kann dessen Software zum Schürfen von Bitcoins nutzen.

7. Zahlungssystem Bitcoin

Das Zahlungssystem des Bitcoin Imperium ist sehr komplex. Zum einen besteht es aus einer Datenbank. Diese wird in Fachkreisen auch Blockchain genannt und ist eine Art Journal. Das Journal wiederum kommt aus der Buchhaltung. Hier werden und müssen sogar alle Bitcoin-Transaktionen verzeichnet werden. Bei dem Zahlungssystem kommt ein Peer-to-Peer-Netzwerk zum Einsatz.

Peer ist aus dem englischen und bedeutet gleichgestellt. Eine Peer-to-Peer, kurz P2P Verbindung genannt, ist eine Rechner-zu-Rechner-Verbindung. Diese Art der Verbindung bezeichnet eine Kommunikation unter gleichen Kommunikationsmitteln. Hier ist das auf ein Rechnernetz bezogen. Diese Kommunikation im Netzwerk wird auch als Querkommunikation bezeichnet.

In einem einfachen Peer-to-Peer-Netzwerk sind alle Computer gleichberechtigt. Das bedeutet, dass alle Computer im Netzwerk Dienste in Anspruch nehmen, jedoch auch zur Verfügung stellen können. In einem modernen P2P-Netzwerk werden die Computer im gleichen Netzwerk oft in Abhängigkeit ihrer Qualifikation in getrennte Gruppen eingeteilt. Jede so entstandene Gruppe übernimmt dabei spezifische Aufgaben. Die Kernkomponente aller modernen Peer-to-Peer-Architekturen, die zumeist als Overlay-Netz auf dem Internet realisiert werden, ist demzufolge ein zweites internes Overlay-Netz, das üblicherweise aus den besten Rechnern des Netzwerks besteht. Diese erste Stufe des Netzwerkes übernimmt die Organisation der anderen Rechner sowie die Bereitstellung der integrierten Suchfunktion, welche im Fachjargon auch als lookup bezeichnet wird.

Mit der lookup können gleichgestellte Rechner im Netzwerk diejenigen Peers identifizieren, die für eine bestimmte Object-ID/Objektkennung zuständig sind. In solch einem Fall ist die Verantwortlichkeit für jedes einzelne Objekt, in der Regel meist mindestens einem Peer fest zugeteilt. Hierbei spricht man oft von strukturierten Overlays. Über die lookup können Peers nach Objekten im gleichen Netzwerk suchen, die entsprechende Kriterien erfüllen (z. B. Datei- oder Buddynamen-Übereinstimmung). In diesem Fall gibt es für die Objekte im Peer-to-Peer-System keine direkte Zuordnungsstruktur. So spricht man in der Praxis von unstrukturierten Overlays.

Wenn die gleichgestellten Rechner/Peers , die Suchobjekte halten, in dem P2P-System erkannt wurden, wird die Datei wie in Dateitauschbörsen direkt, also von Peer zu Peer, übertragen. Dabei gibt es unterschiedliche Verteilungsstrategien, welche Teile der Datei von welchem Peer heruntergeladen werden soll. Dies kommt so zum Beispiel auch bei BitTorrent zum Einsatz. Alle im Netzwerk befindlichen Rechner werden mithilfe eines Programms verbunden und können so Daten austauschen. In Bezug auf das Bitcoin-Netzwerk werden alle Bitcoin-Transaktionen verzeichnet. Die Blockchain wird vielfach und dezentral auf allen Bitcoin-Nodes gespeichert, verwaltet und dauernd über das bestehende Bitcoin-Netzwerk aktualisiert.

Um am Zahlungsverkehr via Bitcon-Netzwerk teilzunehmen, benötigt der Nutzer eine digitale Geldbörse/Wallet und eine Internetverbindung. Entsprechende Bitcoin-Wallets gibt es als Desktop-Anwendungen direkt als Download wie z. B. Bitcoin Core und Electrum oder auch als Webanwendungen.

8. Sicherheit für Banken, Handel und Kunden

Wer mit einem Zahlungsmittel, egal welcher Art, hantiert, möchte auch einen sicheren Umgang damit üben. In diesem Abschnitt werden die einzelnen Sicherheiten für die einzelnen Branchen wie Banken, Handel, Kunden und Spekulanten unter die Lupe genommen.

8.1 Banken

Die Banken drehen den Spieß um

Die Idee hinter der Einführung von Bitcoins war es, den bestehenden Finanzmarkt und das damit verbundene Bankensystem aufzumischen. Fakt ist, dass sich einiges geändert hat, doch irgendwie kam es anders, als es sich der Bitcoin Erfinder gedacht hat.

Über den Bitcoin-Erfinder wurde bereits im Kapitel Wer hats erfunden eingegangen. Bisher ist das Rätsel um das Pseudonym Satoshi Nakamoto noch nicht gelöst. Es gibt zwar zahlreiche Hinweise, doch den eindeutigen Beweis, der auf die Anfänge der ersten Bitcoins Transaktionen zurückführen kann, hat noch niemand enthüllt. So skurril es um den Erfinder ist, doch klar ist, dass er ein gänzlich neues Geldsystem erschaffen wollte. Sein Prinzip hieß, dulde keine Unzuverlässigkeit und mache dich nicht abhängig von Menschen oder irgendwelchen Institutionen und traue nur Open-Source-Algorithmen und der Menge/Crowd. Somit konnte er die Einführung einer virtuellen digitalen Währung auf einen logischen Entschluss zurückführen und genau damit war der Weg frei für eine digitale globale Währung unter Umgehung der Banken. Gegenwärtig sind die Geldinstitute dabei, den Spieß umzudrehen. Laut einem Artikel des Finanzmagazins Technology Review in seiner aktuellen Ausgabe 10/2015 sondieren die großen Banken wie Deutsche Bank, UBS, ABN Amro, und Citibank schon länger ihre Chancen und Risiken im Umgang mit Bitcoins. Mitte September 2015 machten neun der weltgrößten Banken die Gründung einer Zusammenarbeit öffentlich, um wie die Banken es ausdrücken: einheitliche Protokolle und Industriestandards für das auf Blockchain basierte Banking zu entwickeln. Zu den Banken gehören unter anderem die Barclays, Credit Suisse, Goldman Sachs, UBS und JPMorgan. Die gemeinsamen Aktivitäten vereint man im eigens dafür gegründeten US-Startup Unternehmen mit dem Namen R3CEV. Das Interessante an Bitcoin ist die im Netzwerk integrierte Blockchain. Die Banken haben kein direktes Interesse an der virtuellen Geldeinheit, vielmehr reizt das dahinterliegende „Blockchain"-Prinzip. Ein dezentrales Kassenbuch, welches aus einer endlosen Kette von Datenblöcken besteht.

Die eigentliche Innovation ist also die Blockchain. Dies äußerte auch Matthias Kröner, Chef der kleinen Münchner Fidor Bank. In Zusammenarbeit mit der Herforder Tauschbörse bitcoin.de bietet er seiner Kundschaft den direkten An- und Verkauf der Kryptowährung an. Gleichzeitig ist die Fidor Bank deutscher Pilotkunde des Branchenpioniers Ripple Labs. Dieser wiederum hat sich auf die IT der bestehenden Banken mithilfe der Blockchain-Technologie spezialisiert, um diese voranzubringen. Im Devisengeschäft/Währungshandel kommt die eigene Krypto-Währung XRP zum Einsatz, die den Dollar als Brücke zwischen finanzschwachen Währungspaaren, die anlässlich eines zu geringen Handelsvolumens nicht zu einem neutralen Kurs direkt umgetauscht werden können. Dem Anschein nach könnten Banken eines Tages auch normale Währungen wie es eben auch der Euro ist an die Blockkette legen. Dies unter den wachsamen Augen der zuständigen Zentralbank. Durch diese Variante kann der internationale Geldtransfer vereinfacht und günstiger gemacht werden.

Grundbücher auf Blockchain-Basis

Da die Blockchain ausschließlich alle Geschäftsvorgänge aufzeichnen kann, eignet sie sich perfekt als Universalwerkzeug, in denen Rechte und Ansprüche dauerhaft bekundet oder auf einen neuen Eigentümer übertragen werden. Würde dies auf die Grundbücher eines Staates bezogen werden, so würden sich hochspannende Möglichkeiten ergeben, meint Oliver Flaskämper, Chef von bitcoin.de. Ein Hauseigentümer könne so seine Immobilie einfach in Anteilsscheine aufteilen und für diese gesondert bei unterschiedlichen Banken Hypotheken aufnehmen. Mit Hilfe einer Blockchain ließen sich auch Smart Contracts abwickeln. Das wären dann digitale Verträge, die ihre Einhaltung automatisch überwachen wie beispielsweise den pünktlichen Eingang von Ratenzahlungen.

Eine der wichtigsten Fragen überhaupt ist rechtlicher Natur. Was passiert, wenn der Münzbesitzer seinen privaten Schlüssel verliert oder ihm das Handy mit Wallet-App gestohlen wird? In diesem Fall wäre das virtuelle Geld ohne ein vorab angelegtes Backup unwiederbringlich weg. Und genau dieses Szenario sollte bei einer Blockchain, an der die Eigentumsrechte an Häusern oder Aktien hängen, nicht passieren. Und eine Blockchain als Backup, die nur eine Kopie des Grundbuchs oder Echtheitszertifikats darstellt, wäre praktisch nutzlos. An einer Lösung für die noch offene Frage arbeiten nach aktuellen Stand zahlreiche Start-ups. Klar ist, wer die Antwort findet wird mit Millionen beschenkt. Doch eine schnelle Lösung wird nicht in Aussicht gestellt. Doch wie es eben auch die Vergangenheit schon oft gezeigt hat, hängt die Antwort auch manchmal nur an einem Zufall. Finanzexperten aus aller Welt verfolgen diesen Vorgang mit großem Interesse.

8.2 Handel

Die Bitcoin-Fallen

Von A wie Amazon bis Z wie Zynga wollen immer mehr Händler Bitcoin als Zahlungsmittel anerkennen. Doch es gibt einige Hürden, die es als Händler zu nehmen gilt. Unter anderem bilden gewältige Kurssprünge ein enormes Risiko. Doch es gibt noch mehr Risiken, mit dem ein Händler zu kämpfen hat. Welche das sind, erfahren Sie jetzt, wenn Sie aufmerksam den nächsten Abschnitt verfolgen.

Im Internet werden Bitcoin schon des Öfteren als Zahlungsmittel eingesetzt. Neben dem weitverbreitetem Medium akzeptieren auch immer mehr Ladengeschäfte Bitcoins als Zahlungsmittel. Zum Beispiel kann man in der Imbissbude in Köln-Mühlheim bei Burger & Curry auf der Schanzenstraße sein Essen mit der virtuellen Währung zahlen. So kostet eine Currywurst mit Pommes 4,20 Euro kostet, oder 0,0069 Bitcoins. Der Zahlungsablauf ist für Kunde und Händler sehr einfach gestaltet. Der Kunde gibt seinen Bestellung auf und während der Imbisskoch die Speise zubereitet, zückt der Kassierer ein Tablet. Auf dem Tablett wird ein QR-Code angezeigt. Der Kunde loggt sich nun, wenn er es noch nicht ist, in seine digitale Geldbörse, dem Wallet, ein und scannt dann mit dem Smartphone den Code ein. Anschließend wird der Preis für das gewünschte Essen auf das Bitcoin-Konto des Lokals überwiesen.

Auch bei diversen Online-Spielen lassen sich In Game Produkte mit Bitcoins bezahlen. Viele Experten schwanken bei den jeweiligen Analysen zwischen den Meinungen hin und her. Einige halten die Akzeptanz des Zahlungsmittels Bitcoin für eine clevere Marketingstrategie und andere wiederum sehen dies als Start der Etablierung von Bitcoin. Fakt ist, dass die Unternehmen, die Bitcoins als Zahlungsmittel annehmen, eine bislang wenig beachtete Käufergruppe ansprechen.

Nicht nur Burger oder in Game Produkte lassen sich einfach und schnell mit Bitcoins bezahlen. Auch Technikgeräte und Kleidung kann man auf dem globalen Markt erstehen. Der Trend ist bereits bis zu einer Gruppe Pfadfinderinnen in den USA durchgetrunken. Ohne Mist! Sie tauschen Bitcoin gegen Kekse. Das ist doch abgefahren, oder? Auch das Riesen- Unternehmen Overstock aus den USA akzeptiert bereits die Kryptowährung. Ein Hauptgrund für die Akzeptanz seien die niedrigeren Kosten, äußerte Overstock-Chef Patrick M. Byrne. Im Hinblick auf die Kreditkartengebühren wie sie bei Visa oder Mastercard anfallen, die bei zwei Prozent liegen, kann man mit dem Einsatz von Bitcoins mehr Gewinnn erzielen. Das ist ökonomisch gesehen ein entscheidender Punkt. Der Chef von Ebay, John Donahoe, schwärmte in einem Interview mit dem Finanzmagazin Financial Times von der Digitalwährung. Der Analyst Gil Luria vom Finanzdienstleister Wedbush sieht in dem Unternehmen Ebay einen der größten Gewinner des Bitcoin-Aufstiegs. Genau wie bei Overstock kann die Tochter PayPal ihre Kosten senken.

Riskante Wartezeit

Die zuvor erwähnten Unternehmen aber auch der Onlinespielanbieter Zynga sind namhafte Vorreiter. Der Wirtschaftsexperte und Autor des Buches „Bitcoin – Funktionsweise, Risiken und Chancen der digitalen Währung" Daniel Kerscher glaubt, dass der Onlinespielanbieter ein ausgezeichneter Kandidat für die Erprobung mit dem Zahlungsmittel Bitcoin in der Wirtschaft ist. Das Unternehmen Zynga lebt von dem Verkauf vieler kleine Artikel und Bitcoins eignen sich bestens als Zahlungsmittel, weil die getätigten Transaktionen grundsätzlich kostenlos und beinahe beliebig klein aufteilbar sind.

Bitcoin ist ein angenehmer Ersatz für Kreditkarten oder andere Bezahlsysteme. Andere Bezalsysteme sind für die Händler durch höhere Kosten nicht so effizient, wie es bei Bitcoin der Fall ist.

Das die virtuelle Währung nicht nur Vorteile für den Handel mit sich bringt, darauf weist auch Carl-Ludwig Thiele als Bundesbank-Vorstand hin. Der stark schwankende Kurs macht den Bitcoins als Zahlungsmittel schwer zu schaffen. Die Bitcoin-Kurse schwanken in der Tat extrem. Diese Kursschwankungen stellen die meisten Händler vor ernsthafte Probleme. Das Hauptproblem ist der Zeitraum zwischen Sendung und Empfang des digitalen Geldes. Hier wird eine bestimmte Zeitspanne für die korrekte Verifizierung der Transaktion benötigt. Eine Bestätigung einer einzelnen Transaktion kann schon bis zu zehn Minuten andauern. Im schlimmsten Fall kann sich dieser Zeitraum bis zu einer Stunde verzögern. Genau dieser Zeitraum lässt viele Risiken für Schwankungen zu. Es kann daher schon vorkommen, dass zwischen Sendung und Empfang des Geldes eine negative Meldung auftaucht und schon beginnt die Talfahrt. Ein Beispiel war unter anderem die Meldung, dass die Chinesische Notenbank den eigenen Instituten den Umtausch mit Bitcoin verboten hatte. Binnen weniger Minuten brach der Kurs ein. Dieser Vorgang ist für die meisten Händler ein unkalkulierbares Risiko. Der Verlust wäre enorm hoch, denn eine rechtmäßige Absicherung oder gar Hedges gegen einen solchen Kurseinbruch gibt es bei Bitcoin noch nicht. Bei dem Onlinegameanbieter Zynga sichert der Dienstleister Bitpay dem Unternehmen einen stabilen Wechselkurs zu. Kauft ein Kunde für 25 Euro ein, so erhält Zynga auch wirklich den vollen Kaufbetrag in Höhe dieser 25 Euro. Bei einem jährlichen Umsatz von 100 Millionen Dollar, den Zynga im Jahr verzeichnet, ist das ein sehr gewagtes Unterfangen für Bitpay. Diesen Service lässt sich das Unternehmen allerdings auch entsprechend vergüten. So haben beide Seiten etwas vom großen Kuchen. Diesen Kostenfaktor rechnet Zynga natürlich wieder in die Verkaufspreise mit ein, sodass die Zahlungsweise via Bitcoin am Ende doch etwas kostet, nur dass der Endverbraucher es nicht wahrnimmt.

Eine weitere Hürde besteht für die Händler darin, ihre Preis in Bitcoin auszuweisen. Wer als Händler nicht die Garantie von Bitpay übernehmen lässt, muss permanent die Preisausweisung ständig erneuern. Das ist mit sehr viel Zeit und Nerven verbunden.

Eine weitere wichtige Frage wirft das Rückgaberecht auf. Welchen Preis bekommt der Kunde zurückerstattet?

Das Risiko liegt auf beiden Seiten des Kaufvertrages. Der Händler wird dem Kunden den bezahlten Betrag wieder in Bitcoins erstatten, jedoch gilt hier der Tageskurs. Ist der Kurs gestiegen, bekommt der Kunde bei einem Verkauf seiner Bitcoins einen Gewinn zurück. Anders herum kann es auch gut sein, dass der Kurs eingebrochen ist und der Kunde bei einem möglichen Verkauf seiner zurückerhaltenen Bitcoins einen Verlust erleidet. Dies betrifft natürlich in umgekehrter Reihenfolge auch den Händler. Bitcoin bleiben daher aktuell noch ein schwer einzuschätzendes Zahlungsmittel.

8.3 Kunden

Gerade für potenzielle Kunden, die mit der seit 2009 eingeführten digitalen Währung gern bezahlen möchten, gibt es einige Dinge, die man als Kunde unbedingt wissen sollte.

Wer mit der digitalen Währung bislang noch nicht oder nur wenig in Kontakt gekommen ist, der sollte unbedingt ein paar wichtige Dinge über Bitcoins wissen. Bitcoin ist von Banken oder ähnlichen Institutionen unabhängig. Deshalb verläuft das Senden und Empfangen von Bitcoins in einer anderen Art und Weise ab. Aus diesem Grund heraus sollten sich alle Neulinge, die mit Bitcoins zahlen möchten grundlegende Informationen über den Ablauf von Transaktionen im Bitcoin-System einholen. Nichts leichter als das. Mit diesem E-Book haben Sie genau den Guide, den Sie benötigen, um in Zukunft sicher mit Bitcoin zu zahlen. Bereits jetzt haben Sie jede Menge Informationen über die digitale Währung erhalten. Das Basiswissen und grundlegende Bausteine für weitere sichere Transaktionen. Denn nur wer über die Vorteile und Risiken im Bilde ist, der kann auch sicher damit umgehen beziehungsweise das Risiko einschätzen.

Um überhaupt mit Bitcoins zahlen zu können, muss man wie im wahren Leben ebenfalls im Besitz einer Geldbörse sein. Dies geschieht im Netz, wie soll es anders auch sein, natürlich digital. Die digitale Geldbörse wird auch als Wallet bezeichnet. Das Wallet kann auf zwei unterschiedliche Arten angelegt werden. Zum einen kann man sich dafür eine geeignete Software herunterladen, die dann auf der Festplatte gespeichert wird. Die zweite Möglichkeit ist das Wallet über einen entsprechenden Webdienstleister zu nutzen. Bei beiden Varianten wird eine Internetverbindung benötigt, um mit Bitcoins zu handeln. Im Folgenden werden als gut empfundene Anbieter aufgelistet:

Übersicht **der bekanntesten Bitcoin Wallets:**

Bitpay

Blockchain

Coinbase

Coinkite

Armory

Green Address

GoCoin

CryptoPay

BitEasy

HiveBit

Mit Bitcoins wird der globale Zahlungsverkehr harmonisiert, was nichts anderes aussagt als dass es allen Teilnehmern leichter gemacht wird, entsprechende Artikel schneller zu erwerben. Wer mit Bitcoins zahlt, hat den Vorteil, dass die Transaktion im Idealfall zehn Minuten dauert. Wenn diese ausgeführt wurde, ist das für den Händler das Zeichen, dass es sich um den einzig wahren Käufer handelt und er nun die georderte Ware gleich versandfertig machen kann, um diesen dann schnellstmöglich zu versenden. Viele Kritiker behaupten, dass Bitcoin nicht sicher ist, doch mal ehrlich gefragt, was ist in unserer Welt noch sicher? Wie im realen Leben können Sie auch Opfer eines Überfalls werden, nur mit dem Unterschied, dass der digitale Angriff über einen Hack erfolgt und zum Glück keine Personen zu Schaden kommen. Doch eines sei gesagt, das Unterfangen sich an Bitcoins zu bereichern ist sehr schwer, da die digitale Währung einen hohen Sicherheitsstandard umfasst.

Starke Kurschwankungen

Der Kurs ist sehr instabil, daher sollten Nutzer genau abschätzen, was Sie kaufen. Hier gilt es, die Allgemeinen Geschäftsbedingungen (AGB) des jeweiligen Onlineshop genauestens zu lesen. Hier muss durch den Händler beschrieben werden, wie bei der Abwicklung in einem drohenden Widerruf zu verfahren ist. Meist wird zur Auszahlung der aktuelle Tageskurs genutzt. Viele Händler arbeiten jedoch auch mit Firmen wie Bitpay zusammen, die einen stabilen Kurs garantieren. Doch dies erfahren Sie immer aus den AGBs.

Zahlungen sind nicht rückgängig zu machen

Wer sich einmal vertippt, hat Pech. Wenn Sie einmal eine Zahlung versehentlich an einen falschen Empfänger gerichtet haben, ist dies nicht wieder rückgängig zu machen. Da die Daten jedoch verschlüsselt sind und nur für das Unternehmen auslesbar ist, ist man auf die Aufrichtigkeit des falschen Empfängers angewiesen. In so einem Fall kann nur der Empfänger die Zahlung mittels einer neuen Transaktion wieder zurücksenden. Demzufolge ist man am besten beraten, wenn man nur mit Personen und Händlern Geschäfte abschließt, die man kennt und denen man vertraut. In Zukunft soll es Software geben, die einen besseren Schutz für den Kunden gewährleistet.

Bitcoin ist nicht beziehungsweise nur teilweise anonym

Jedenfalls soweit, dass man in der Blockchain einsehen kann, welche Adresse über wie viel Bitcoin verfügen. Das ist dann auch schon alles. Bei Bitcoin werden niemals personenbezogene Daten veröffentlich. Diese hochsensiblen Daten kann nur das Unternehmen selbst nachvollziehen. Natürlich ist Bitcoin dazu angehalten, auch auf gesetzlicher Nachfrage entsprechende Daten an die jeweilig anfragende Behörde weiterzugeben. Dies soll den Schutz vor illegalen Geldgeschäften bieten beziehungsweise gewährleisten.

Sofort-Transaktionen sind weniger sicher

Eine Transaktion ist in der Regel innerhalb weniger Sekunden ausgeführt und in den darauf folgenden 10 Minuten beginnt die Bestätigung. Innerhalb dieser Zeit gilt die Transaktion als glaubwürdig, aber umkehrbar. Unehrliche Nutzer könnten versuchen zu schummeln. Falls Sie nicht zu lange warten wollen, sollten Sie eine kleine Transaktionsgebühr ansetzen oder ein System verwenden, welches unsichere Transaktionen erkennt, um die Sicherheit zu erhöhen. Für größere Summen ab 1000 € empfiehlt es sich auf sechs Bestätigungen oder mehr zu warten. Jede Bestätigung verringert das Risiko einer umkehrbaren Bestätigung exponentiell.

Bitcoin ist noch experimentell

Die digitale Währung gibt es seit 2009. Doch wie wir alle wissen, kann eine Einführung einer neuen Währung schon einmal ein paar Jahre andauern. Auch die Einführung des Euros verlief damals sanft und in einzelnen Phasen. Die Macher rund um das Bitcoin Imperium sind stets bemüht, die Währung zu verbreiten. Zwar ist das virtuelle Währungsmittel noch sehr instabil, was man am Kursverhalten erkennen kann, doch es werden täglich mehr Händler und Szenelokale, die auf diesen neuen Trend der Zahlungsweise setzen und somit neue Kundschaft ansprechen. Wie jede Neuheit muss sich auch Bitcoin auf dem Markt etablieren. Da die Währung nicht von einer zentralen Behörde oder Ähnlichem überwacht wird, mussten gewisse Dinge wie die hochsensible Blockchain teilweise erst einmal auf Herz und Nieren gecheckt werden und das geht nun mal am besten unter realen Bedingungen.

Da noch niemand genau absehen kann, wo die Reise für Bitcoin hingeht und welche Sphären es annehmen wird, ist zu raten, den stark schwankenden Kurs niemals aus den Augen zu verlieren. Die Zukunft wird zeigen, was aus Bitcoin und seinen euphorischen Anhängern wird.

9. Erwerb von Bitcoins

Der Erwerb von Bitcoin ähnelt dem von Wertpapieren. Das digitale Zahlungsmittel lässt sich schnell über Onlinebörsen oder bei Einzelpersonen, also Bitcoin-Besitzer, gegen andere Währungen eingetauscht werden. Inzwischen hat man sogar die Möglichkeit, Bitcoins via Paysafecards zu erwerben. Werden Bitcoins bei Tauschbörsen oder Paysafecards erworben, so fallen dabei in der Regel Gebühren an. Diese können je nach Handelsplatz unterschiedlich hoch ausfallen. Typischerweise liegen die Gebühren bei Online-Tauschbörsen bei rund 0,2–1 Prozent des gewünschten Tauschbetrags.

Die Bitcoin-Tauschbörsen werden wie wir inzwischen wissen nicht durch irgendwelche Behörden reguliert. Dennoch unterliegen die Bitcoin-Tauschbörsen gewissen Regeln, die zum Schutz vor Geldwäsche dienen sollen und die von Bitcoin akzeptiert werden. Schließlich möchte man, dass Bitcoin ein zuverlässiges digitales Zahlungsmittel wird und nicht zum Spielball krimineller Machenschaften. Dies geschieht in der Regel durch ein Auszahlungslimit. Wer doch einmal zum Handeln größerer Beträge bereit ist, der muss in der Regel einen Identitätsnachweis erbringen.

Die Ein- und Auszahlungen werden direkt durch eine Überweisung auf das Wallet ein- oder abgehen. Die Sicherung der Einlagen im Wallet ist nicht gesetzlich vorgeschrieben und wird auf dem jeweiligen Anbieter beziehungsweise Nutzer übertragen. Jedoch sollte ein Wallet-Anbieter mit äußerster Sorgfalt ausgesucht werden. Lesen Sie hierzu im Internet Rezensionen von Kunden, die bereits Erfahrungen mit dem Anbieter sammeln konnten. Für die Anbieter spielt der Sicherheitsaspekt eine entscheidende Rolle. Denn der Kunde wird sein Geld nur bei einem Anbieter verwalten wollen, wo es auch sicher vor digitalen Überfällen ist. So kam es in der Vergangenheit bereits vor, dass Anbieter/Plattformen die mit großen Beträgen handeln, öfter durch Hacker angegriffen wurden. Viele Bitcoin-Nutzer verloren so ihre gesamten Einlagen. Aufgrund dieser Zwischenfälle werben verschiedene Börsen mit einer verbesserten Sicherheit. Auch hier gibt es Unterschiede. Viele Tauschbörsen bieten Zertifizierungen ihrer Webseiten an und weisen diese natürlich auf der Startseite aus. Doch wie sicher solche Zertifizierungen im Detail sind, kann keiner genau sagen. Eine Zertifizierung ist nicht wirklich ein Schutz vor Überfällen und beeindruckt Hacker gar nicht. Dann gibt es noch Tauschplätze, die eine teilweise Haftung bei einer Cyberattacke übernehmen. Im Klartext heißt es, dass der Nutzer nicht auf seine gesamten verlorenen Einlagen verzichten muss, sondern, dass er einen Teil erstattet bekommt. Wie hoch dieser Anteil ist, muss der Wallet-Anbieter in den AGBs ausweisen. Deshalb ist es wirklich unabdingbar, sich die AGBs einmal in Ruhe durchzulesen. Wer sich dann immer noch nicht schlüssig ist, sollte auf Erfahrungswerte anderer Nutzer zurückgreifen. Es lohnt sich auf jeden Fall, verschiedene Anbieter zu vergleichen.

Des Weiteren kann man Bitcoins ebenfalls in diversen Wechselstuben direkt in gängigen Währungen, e-Currencies oder Paysafecards umtauschen. Solche Wechselstuben sind vergleichsweise kleinere Handelsplattformen wie es zum Beispiel Bitpay ist. Hier sind die Kurse allerdings vorgegeben. Die darin enthaltenen Gebühren sind höher als bei den großen Tauschbörsen und bewegen sich zwischen 1,5 bis 5 Prozent. Diese Art von Services erfordern normalerweise keine Registrierung. So lassen sich Bitcoins schneller erwerben.

Und dann gibt es noch die virtuellen Handelsplätze, wo man sein Interesse an Kauf- und Verkaufsangebote anmelden kann. Diese Plattformen kann man mit einem Auktionshaus wie Ebay vergleichen. Die Transaktion findet zwischen zwei Privatpersonen statt. Verschiedene Anbieter sichern dazu die Transaktionen einseitig ab. Die zu verkaufenden Bitcoins werden hinterlegt und erst dann freigegeben, wenn der Verkäufer den Zahlungseingang bei der Handelsplattform bestätigt.

10. Handel, Dienstleistungen und Spenden

Wie mit jedem anderen Zahlungsmittel auch, lassen sich durch Bitcoins verschiedenartige Dinge finanzieren. Die Spanne reicht von Konsum- und Gebrauchsgütern bis hin zu Dienstleistungen.

Im Jahr 2015 war in der OpenStreetMap der Datenbestand von 6.284 Orten wie Geschäfte oder Hotels eingetragen, die Bitcoins akzeptieren. In Deutschland sind es mehr als 100 Akzeptanzstellen, die das digitale Zahlungsmittel annehmen.

Zu den weltweit größten Online-Diensten, die Bitcoin akzeptieren, gehören der Social News Aggregator Reddit, Overstock.com, Microsoft Account, Expedia, Threema und Dell. Der Bloghoster WordPress. com beendete Ende Februar 2015 vorläufig die Zusammenarbeit mit Bitcoin. Grund hierfür ist einfach nur das zu geringe Volumen, welches mit der digitalen Währung abgewickelt wurde. Weiter sagt der Co-Gründer Matt Mullenweg, dass Wordpress weiter Fan von Bitcoin bleibe und mit großer Spannung in die Zukunft sehe wie sich die virtuelle Währung weiterhin entwickelt. Unter den Akzeptanzstellen findet man auch viele Essenslieferdienste wie den Pizzaservice. Viele Onlinegameanbieter lassen eine Zahlung mit Bitcoin zu. Es werden auch immer mehr Onlineshops, die Bitcoins annehmen. Auch bei einzelnen Reiseveranstaltern ist die digitale Währung schon im Bezahlprozess mit eingebunden. Im Jahr 2013 wurden Bitcoins teilweise für den Kauf von Autos und Immobilien genutzt. Auch das Museum für angewandte Kunst (MAK) mit Sitz in Wien war 2015 das erste Museum, welches Bitcoins zum Kauf eines edlen Kunstwerkes für die Museumssammlung nutzte. Für Bitcoins ist das ein wichtiger Meilenstein für die Zukunft. Denn umso populärer die digitale Währung am Weltmarkt wird, desto schneller können mehr Marktanteile gesichert und neu dazu gewonnen werden.

Mit Hilfe von Bitcoins lassen sich auch gemeinnützige Spenden durchführen. Einige Nichtregierungsorganisationen wie zum Beispiel WikiLeaks oder der BUND Berlin akzeptieren die digitale Währung. Daneben kann man Bitcoins für die Altersvorsorge und das Cyber Begging („Online-Betteln") einsetzen. Auch diverse Glückspiele lassen sich mit Bitcoin bezahlen.

Da die virtuelle Währung für Nutzer viel Raum für Anonymität bietet, dienen Bitcoins auch kriminellen Geschäften wie der Geldwäsche oder als Zahlmittel für Waffen- und Drogengeschäfte, Pornografie, bis hin zu Auftragsmorden über das sogenannte Darknet.

11. Handelspartner

Die Anzahl der Handelspartner, die mit Bitcoin kooperieren, wächst jeden Tag weiter an. Von bereits etablierten Onlinegiganten bis hin zum kleinen Kaffee von nebenan, akzeptieren die verschiedensten Unternehmen Bitcoin als Zahlungsmittel der Zukunft. Die günstigen Transaktionskosten und die doch relativ schnelle Geschwindigkeit bei der Zahlungsabwicklung machen Bitcoins für Einzelhändler immer interessanter.

Da es sehr schwierig ist die ständig wachsende Liste der Handelspartner die Bitcoin zu akzeptieren, gibt es im Folgenden einen kleinen Auszug mit den bekanntesten Unternehmen, die Bitcoin als Zahlungsmethode bereits anerkannt haben. In der Liste werden Unternehmen aus der ganzen Welt, Deutschland, Österreich und der Schweiz aufgeführt und sie sind nach Postleitzahl sortiert.

Bitcoin Akzeptanz – The BIG ONES Weltweit

Overstock.com – Online Einzelhändler

Steam (Valve) – Gaming Plattform

Rakuten – Online Einzelhändler

Mozilla – Internetbrowser Anbieter

Microsoft – Softwareunternehmen

Time – Verlag

Expedia – Reiseplattform

Newegg – Online Gigant für Hard- und Software

i-Pmart – e-Commerce Gigant

Dish – Fernsehsatellitenbetreiber und größtes Unternehmen, das Bitcoin akzeptiert

Dell – Computergigant

Alienware – Gaming Systeme

Takealot – Unterhaltungselektronik

1-800-Flowers.com – Geschenk- und Blumenonlinehandel

airBaltic – lettische Fluggesellschaft

Greenpeace

Wikipedia

MercadoLibre – Lateinamerikanisches eBay

MunchPak – Snack Liederdienst

LOT – Polnische Airline

Mozilla – Open Source Software Firefox

Showroomprive

Arnhem Bitcoin Stadt – Mit mehr als 100 Bitcoin akzeptierenden Shops, Bars, Restaurants und Hotels

Deutschland

Bitcoin Akzeptanz in Deutschland

Bars, Resturants, Shops, Dienstleister nach Postleitzahl sortiert

PLZ 0

Uptown Coffee Bar – 04107 Leipzig

Vitametikpraxis Dresden – „Vitametik – Entspannung auf Knopf-druck…" – 01069 Leipzig

PLZ 1

Gasthof Apolony – Utrecht

Fair Schlüsseldienst & Sicherheitstechnik – 10119 Berlin

AGU Autoglas Union – 16515 Oranienburg

Musikschule Kling Klang – 13057 Berlin

Frieden Richter Restaurant -10115 Berlin Mitte

Rikscha Tours of Berlin – 10178 Berlin

Otherland Berlin – 10961 Berlin

Leuchtstoff Kaffeebar – 12051 Berlin

Room 77 – 10967 Berlin

Devils Kitchen – 10967 Berlin

Lenkerurlaub – 10967 Berlin

Fabelhaft Bar – 10967 Berlin

Floor`s – 10967 Berlin

19 grams – 10997 Berlin

Computerspielmuseum – 10243 Berlin

Patiti Patiti – 10247 Berlin

Buyreggae – 10247 Berlin

Kiezkuchen (Kuchen macht Glücklich) – 12047 Berlin

Golem Kunst- u. Baukeramik – Die schönsten Fliesen der Welt – 10178 Berlin

FATFONT – Full-Service Webdesign in Teltow-Fläming – 15834 Rangsdorf

Spreewaldnaturkosmetik – 15907 Lübben (Spreewald)

Hopser Hüpfburg Verleih – Wir lassen Kinderaugen leuchten! 16727 Oberkrämer

PLZ 2

Frisenkate – 25826 Sankt Peter-Ording

Altes Haus 1912 – 25826 Sankt Peter-Ording

Alohacheri Popup Restaurant, 22763 Hamburg

Ferienhaus am Bade- und Angelsee – 26919 Brake

Maler-Jordan Malerbetrieb – 23689 Techau

Die Pizzabäckerei – 22089 Hamburg

easysafer.com – Über 4000 digitale Güter – 20144 Hamburg

Headshop-Bremen – 27809 Lemwerder

PLZ 3

Schloss Heinrichshorst – 39326 Rogätz

Melantes Coffee – 31785 Hameln

Train4Media – 32657 Lemgo

Taverne am alten Markt – 33790 Halle (Westf.)

Trionauten – 30167 Hannover

Boca Gastrobar – 30161 Hannover

Seinesachen – 30161 Hannover

Loveithealthy – 30159 Hannover

Das kleine Museum – 30451 Hannover

Vogelfrei – 30451 Hannover

Fussstolz – 30451 Hannover

Beitz24.de – Bitcoin Miner, Modelleisenbahnen uvm., 35232 Dautphetal

Volkshaus Gommern – 39245 Gommern

Donaulife – Your highlife is our passion – 3494 Schlickendorf (AT)

PLZ 4

Vlierhof – 47533 Kleve

Nasch Cafe – Mülheim an der Ruhr

All you can Miet – 44135 Dortmund

Rauchigemalts.de – Spezialist für rauchige Malts (Whisky) – 45481 Mülheim an der Ruhr

Shishafrog – 40215 Düsseldorf

La Lampada – 40215 Düsseldorf

MenschRaumEnergie – Reich, gesund und glücklich mit Feng Shui – 41836 Hückelhoven

Matrix Schule NRW – Endlich werden, wer ich bin! – 41836 Hückelhoven

Top Folien – Fensterfolien – Fensterfolien – für Gewerbe, Industrie, Handwerk und privat – 41068 Mönchengladbach

Bodyrock38 – Komm als Kunde geh als Freund – 41517 Grevebroich-Neurath

PLZ 5

DEEDE3 Deutschland Immobilien GmbH – 53111 Bonn

Weinhof Reinhard – 58097 Hagen

Gesangsunterricht Lüdenscheid – 58511 Lüdenscheid

Mare Nero – 55286 Wörrstadt

Economy 5.0 Publishers – 60385 Frankfurt

Peking Garden – 51061 Köln

Dostoevsky – 50674 Köln

Oscar Lounge – 50667 Köln

Mika Amaro Urban Bikes – 50678 Köln

Flirt University – 50670 Köln

Print + Design Druckerei – 56068 Koblenz

Kanzlei Hellinger – Steuern ♦ Recht ♦ Coins – 53111 Bonn

Steuerberater Quermann – Wir sparen Steuern: Für Privatleute, Existenzgründer und Unternehmer – 58313 Herdecke

Deine-Datenrettung – 53819 Neunkirchen-Seelscheid

ball-tech Kugeltechnik GmbH – 55294 Bodenheim

KATANA Restaurant – Feinkost auf Fernost – 59227 Ahlen

PLZ 6

Economy 5.0 Publishers – 60385 Frankfurt am Main

Katrin Probst Photography – Frankfurt am Main

Waggon am Kulturgleis – 63065 Offenbach

Koksenergy

4electric

grow! Shop – 64283 Darmstadt

Die Lichtmanufaktur – 67489 Kirrweiler

Keycoon GmbH (3D Drucker) – 60388 – Frankfurt am Main

Anwaltskanzlei FENDERL Rechtsanwälte – 63739 Aschaffenburg

Online-Druckerei PRINTELIX – WIR schaffen einDRUCK – 65428 Rüsselsheim

PLZ 7

Simpago Softwareentwicklung – 70797 Stuttgart

leichtART – Change Life & Mental Power Management – 70188 Stuttgart

TC – Doggenburg – 70192 Stuttgart

Sec Concept Stuttgart – 70771 Leinenfelden

Typo 3 Beratung – 72622 Nürtingen

lrx GmbH – 79098 Freiburg im Breisgau

Golf & Fashion Outlet Schönau – 79677 Schönau

Optima-Energiekonzepte UG – 73262 Reichenbach an der Fils

PLZ 8

Cosmo Bar, 84307 Eggenfelden

NEPATA Vertrieb GmbH, 85283 Wolnzach

Eis Miraval, 89584 Ehingen (Donau)

Standl20, 80796 München

Tenniscenter Wolfratshausen , 82515 Wolfratshausen

Sport Center Hahn, 82538 Geretsried

Restaurant „Zum Schnürschuh", 86154 Augsburg

Restaurant „Wilde 13", 86154 Augsburg

Tech-Dok – „Wir schaffen Präsenz Bekleben bedrucken veredeln", 89192 Rammingen

ItalienGusto GmbH – Das gute Bio und Vegan aus Italien, 80805 München

Restaurant Vegelangelo – Der Genussvegetarier, 80538 München

Schatztruhe Graz-Eggenberg – 10 % Sofort-Rabatt bei Bitcoin-Zahlung, 8010 Graz

Beziehungsdolmetscher – Retten Sie Ihre Liebe! Wir übersetzen!, 80689 München

Junexx Crypto Synergy – Finanzielle Freiheit durch Solar-Mining von Kryptowährungen!, 80689 München

Corvus Absinth – Münchens erster Absinth, 80797 München

AnalogMix.com – Analog Mixing & Mastering, 81547 München

BracketShop.de – Dentalshop, 81547 München

Naturheilpraxis Ursachenforschung – Effektive Schmerztherapie, Sauerstoff-Ozontherapie, Infusionskonzepte, 89134 Blaustein

Allnet Computersysteme GmbH, 82110 Germering

PLZ 9

BITS Systemhaus, 91560 Heilsbronn

Sec Konzept, 90763 Fürth

Roost Photography, 92676 Eschenbach

Blubbernden, 92421 Schwandorf

Bier kaufen, 92421 Schwandorf

Fresh Caps, 94469 Deggendorf

IngenieurBuero & IT-Systems-Services Paraskewas Zormbalas – do IT … do IT better … do IT now, 90431 Nürnberg

CERAGEM Nürnberg Gesundheit & Fittness – Massageliege & mehr, 90441 Nürnberg

Österreich

PLZ 1

Le Bon Mot – Französischinstitut, 1080 Wien

Klathaishiu Massage Institut – Gesundheits und Wellnessmassagen, 1060 Wien

PLZ 3

Weingut Lagler GmbH – Weingut, Cafe, Weinbar und Hotel, 3620 Spitz

pv-clean e.U. – Der professionelle Reiniger von Photovoltaik- und Solar-Anlagen im Nordburgenland, 2475 Neudorf

PLZ 4

GMK Immobilien – 4020 Linz

PLZ 6

Merandi GmbH – Genussmomente mit besonderer Brillanz!, 6134 Vomp

Schweiz

PLZ 2

MiningRig.ch – Miningrigs und Zubehör zum Minen zu günstigen Preisen, 2503 Biel

PLZ 7

ZuberMedien – Webdesign, Print, Animation, Corporate Communication, Hochzeitsfotografie, 7000 Chur

Quelle: https://www.btc-echo.de/bitcoin-akzeptanzstellen/#deutschland

12. Transaktionen

Am Anfang jeder Zahlung steht der Ablauf einer Transaktion im Fokus. Die Bitcoin Transaktionen werden durch digitale Signaturen gesichert. Eine Transaktion kann nur über das elektronische Bitcoin Wallet gesendet werden. Jeder Nutzer weiß über die ausgeführten Transaktionen Bescheid. Die Daten der Transaktionen werden auf der Webseite blockchain.info veröffentlicht. Keine Sorge, es werden keine personenbezogenen Daten hinterlegt, sodass eine grundsätzliche Anonymität gewährleistet wird. Der Verlauf über eine ausgeführte Transaktion kann bis zu dem Zeitpunkt zurückgeführt werden, an dem die Bitcoins erschaffen wurden.

Wer mit Bitcoins spekulieren möchte, kann dies gern machen, doch es ist sehr risikoreich. Im nächsten Kapitel Kursentwicklung wird dies näher erläutert. Wer Bitcoin als generelles virtuelles Zahlungsmittel nutzen möchten, so wie es die Grundidee ist, der sollte jetzt weiterlesen. Wer mit Bitcoins bezahlen möchte, sollte wissen, dass es eigentlich gar keine Bitcoins gibt, sondern nur die dahinter stehenden Transaktion existieren. Sie existieren an keinem Ort, noch nicht mal auf irgendeiner Festplatte. Zwar sprechen wir generell davon, im Besitz von Bitcoins zu sein, doch wenn man eine Bitcoin Adresse verfolgt, dann findet man dort keine digital abgelegten Bitcoin so, wie man es von anderen Währungen wie Euro, Dollar oder Yen kennt. Man kann daher nicht auf ein gegenständliches Objekt verweisen. Es existiert auch keine digitale Datei, zu der man einen Bezug auf einen Bitcoin hat und sagen könnte „Das ist ein Bitcoin und so sieht er aus". Das Aussehen eines Bitcoins ist fiktiv. Ein Bitcoin hat keinen materiellen Bezug, da er ein virtuelles Zahlungsmittel ist.

Es werden nur die reinen Transaktionen aufgezeichnet. Diese enthalten codierte Adressen mit Guthaben, welches sich erhöht oder verringert. Jede Transkation wird im Kontenbuch der Blockchain gespeichert. So kann man den Saldo einer Bitcoin Adresse zwar nachvollziehen, doch man weiß nicht, wer sich hinter dem Adresscode verbirgt. Diese Informationen sind nur den Machern des Bitcoin-Imperiums vorbehalten und werden in der Regel nur auf richterliche Anordnung herausgegeben.

Nun stellt sich noch die Frage, wie sich eine Transaktion aufbaut?

Wenn ein Nutzer A Bitcoins an Nutzer B versendet, dann enthält diese Transaktion drei wichtige Informationen:

1. **Den Input.**

   Diese Aufzeichnung enthält Informationen, von welcher Vorgängeradresse diese an Nutzer A gesendet wurde. Zum Beispiel: Nutzer A hat diese von seinem Freund Nutzer Z erhalten.

2. **Die Menge**

   Diese Information spiegelt das Handelsvolumen wider, also die Menge an Bitcoins, die Nutzer A zugesendet wurden.

3. **Den Output**

   Er enthält die Bitcoin Adresse zu der Nutzer A die Bitcoins gesendet hat, also die Adresse von Nutzer B.

Wie werden Bitcoins versendet?

Dazu werden zwei Dinge benötigt: Eine gültige Bitcoin Adresse und einen dazu passenden privaten Schlüssel. Die Bitcoin Adresse wird zufällig erzeugt. Sie besteht aus einer zufälligen Reihenfolge von Buchstaben und Zahlen. Der private Schlüssel ist im Grunde der Adresse ähnlich. Dieser besteht aus einer anderen beliebigen Folge aus Buchstaben und Zahlen. Die Daten der Bitcoin Adresse werden in der Blockchain festgehalten und die des Schlüssels werden geheim gehalten.

Die Bitcoin Adresse ist wie ein gläsernes Schließfach anzusehen. Jeder Nutzer kann die Transaktionen verfolgen. Auf das Schließfach bezogen sieht jeder, was darin enthalten ist, jedoch kann nur der private Schlüssel aufschließen. Wer diesen hat, ist anonym.

Wenn Nutzer A also Nutzer B Bitcoins senden möchte, so nutzt Nutzer A den passenden privaten Schlüssel, um eine Botschaft mit dem Input, der Menge und dem Output zu zu veranlassen.

Dann werden die Bitcoins von Nutzer A, sein Wallet, an das breite Bitcoin Netzwerk weitergereicht. Die so erzeugte Transaktion wird dann von Bitcoin Minern im Bitcoin Netzwerk verifiziert. Die Miner setzen sie in den Transaktionsblock und lösen sie gegebenenfalls auf.

Warum muss man manchmal darauf warten, dass die Transaktion bestätigt wird?

Da die erzeugte Transaktion von den Minern bestätigt werden muss, so wird man manchmal dazu genötigt, zu warten, bis die Miner fertig mit dem Schürfen sind. Das Bitcoin Protokoll ist so voreingestellt, dass ein Block ungefähr zehn Minuten braucht, um geschürft zu werden.

Einige Händler warten, bis die Transaktion im Block bestätigt wurde. Dieser Warteprozess kann wie bereits beschrieben, bis zu zehn Minuten andauern. Anschließend kann man die georderten digitalen Waren oder Dienstleistungen entgegennehmen oder der Händler kann die Bestellung von realen Waren versandfertig machen.

Was passiert im Wallet, wenn die Input und Output Menge nicht gleich sind?

Bitcoins existieren nur als Aufzeichnungen der Transaktionen. So können diverse Transaktionen an eine Bitcoin Adresse gebunden sein. Es kann ja der Fall sein, dass ein Nutzer Bitcoins von anderen Nutzern in unterschiedlicher Höhe erhält. Diese werden im Wallet nicht automatisch zusammengezogen. Der Nutzer sieht zwar sein Guthaben, doch im Hintergrund des Wallets bleiben die verschiedenen Adressen der jeweiligen Transaktionen erhalten. Wenn der Nutzer nun Bitcoins an einen anderen Nutzer versenden möchte, so wird eine der bestehenden Adressen genutzt. Das bedeutet, dass der Nutzer den exakt gleichen Betrag versendet, den er auch durch die Adresse erhalten hatte. Da sich die Menge, die in der Transaktion enthalten ist, nicht willkürlich aufteilen lässt. So wird zwar der gesamte Betrag, welcher in der Transaktion gespeichert ist an den neuen Empfänger übermittelt, jedoch erhält man den Restbetrag wieder zurück

Dazu erstellt das Wallet automatisch zwei Outputs für die Transaktion. Einmal für den gewünschten Betrag, den man tatsächlich übersenden möchte, und einmal für das Restgeld, welches der Nutzer wieder zurückerhält.

Ein Beispiel soll diesen Prozess verdeutlichen:

1. Adresse Nutzer A hat von Nutzer B zwei Bitcoins (BTC) erhalten

2. Adresse Nutzer A hat danach von Nutzer C noch ein BTC erhalten

3. Adresse Nutzer A bekommt dann noch mal von Nutzer D drei Bitcoins bekommen

In der Summe hat Nutzer A aktuell sechs BTC in seinem Wallet, welches er im Wallet als Guthaben sieht. Die Bitcoin Adressen bleiben jedoch im Hintergrund wie oben aufgeführt bestehen.

Nun möchte Nutzer A dem Nutzer E 1,5 BTC überlassen. Da keiner der benannten Bitcoin Adresse den Wert von 1,5 aufweist, greift das Wallet auf eine annähernde Adresse zu. Das bedeutet, dass das Wallet höchstwahrscheinlich auf die Adresse zugreift. Diese kommt den Wert von 1,5 BTC sehr nahe. Für diese Adresse werden zwei Outputs generiert und an den Nutzer E gesendet. Dieser erhält den aufgeteilten Wert von 1,5 BTC und 0,5 BTC werden als Wechselgeld wieder an

Nutzer A zurückgegen. So erhält jeder Nutzer sein tatsächliches Guthaben.

Gibt es Transaktionsgebühren?

Ja. Doch leider sind die Transaktionsgebühren unterschiedlich hoch und können sogar durch den Nutzer manuell eingestellt werden. Dies ist jedoch vom Wallet Anbieter abhängig.

Eines sollte sich der Nutzer merken: Je höher die Gebühr, desto schneller wird die jeweilige Transaktion abgewickelt. Der Anteil einer Transaktion, der nicht durch den Empfänger oder als Wechselgeld angenommen wurde, wird als Transaktionsgebühr angesehen. Diese geht dann als Bonus an den entsprechenden Miner, der den Transaktionsblock aufgelöst hat.

Bekomme ich einen Beleg für ausgeführte Transkationen?

Das ist leider nicht immer der Fall und ist stark vom Wallet Anbieter abhängig. Doch mit der Zeit hat sich auch das zum Positiven geändert. Viele Anbieter haben die Wallets stark vereinfacht, sodass diese benutzerfreundlicher wurden. Die unterschiedlichen Anbieter bieten unterschiedliche Versionen des Wallets an. So kann man eine Basisversion kostenlos oder zu einem geringen Entgelt nutzen, bekommt jedoch nur die notwendigsten Features freigeschalten. Zahlungsabwickler wie BitPay bieten daher auch fortgeschrittene Features an, die dem Nutzer Belege oder Kaufbestätigungen zukommen lassen. Diesen erhöhten Service lassen sich die Unternehmen entsprechend zusätzlich vergüten.

13. Kursentwicklung

Der Kurs hat seit der Einführung der digitalen Währung im Jahr 2009 eine extreme Entwicklung erfahren. Die Kryptowährung erhielt am 05.10.2009 ihren ersten Tauschwert in eine staatliche Währung. Damals verhielt sich der Wert von 1 BTC zu 0,00076 US-Dollar. Im Mai 2010 wurden erstmalig Bitcoins dazu verwendet, um zwei Pizzas zu kaufen. Da belief sich der Kurs in Höhe 0,0025 US-Dollar. Nur zwei Monate später eröffnete die Online-Exchange Plattform Mt. Gox mit einem Kurs von 0,07 US-Dollar. Das entsprach einer Wertsteigerung von über 9000 Prozent. Die rasche Entwicklung der Kryptowährung hielt auch im Jahr 2011 weiterhin an. Da stieg der Preis eines BTCs auf über 1 US-Dollar. Nach kurzer Zeit erfährt der Bitcoins-Kurs sein erstes Hoch. Vorab wurde ein Artikel über die Silk Road von Gawker am 01.06.2011 veröffentlicht. In diesem Artikel wurde erstmalig beschrieben, wie man Medikamente mit der Hilfe von Bitcoins kaufen kann. Im selben Monat erreichte der Kurs von 1 BTC bereits 20 US-Dollar. Die bullige Zeit sollte ein Ende finden. Noch im selben Monat fand einer der größten Hacks in der Bitcoingeschichte statt. Dieser Vorfall wurde bereits im Kapitel Wie sicher sind Bitcoins beschrieben. Das ließ den Kurs für eine lange Zeit auf einen Wert unterhalb der 10-US-Dollar-Grenze sinken. Die Anleger waren schockiert und verunsichert zugleich. Die digitale Währung wurde mit dem Hack von der Onlinebörse Mt.Gox fast für gescheitert erklärt. Bis zum darauffolgenden Frühjahr war es sehr ruhig um die neue virtuelle Währung geworden. Eine Bürgschaft in das Bankensystem auf Zypern verhalf den Bitcoin wieder aufzublühen. Dieses Vorgehen verunsicherte die Einheimischen. Sie hatten Angst, ihre Spareinlagen auf ihren Bankkonten zu verlieren und versuchten, einen Teil mithilfe der neuen Kryptowährung zu retten. Das Ergebnis daraus ist ein rasanter Kursanstieg. Die Spekulanten sahen ihre Chance und katapultierten den Preis für einen Bitcoin weiter in die Höhe. Durch die Überlastung der Bitcoinbörse Mt. Gox brach der Preis erneut ein. Doch das war nur ein weiterer Dämpfer des Erfolgszuges von Bitcoin. Der stärkste Kursanstieg resultierte daraus, dass der US-Senat über das Thema Bitcoin gegen Ende des Jahres 2013 beriet. Viele Reporter von zahlreichen Medienanstalten waren Live vor Ort und das Thema wurde anschließend weltweit diskutiert. Nach diesem Ereignis entschieden sich viele chinesische Spekulanten in den Markt mit einzusteigen, was den Kurs bis zu einer Marke von 1.242 US-Dollar auf der Tauschbörse Mt.Gox verhalf. Von diesem Zeitpunkt an bis zum heutigen Tag ist ein Abwärtstrend zu verzeichnen. Dies lässt sich auch anhand der Google Trends Auswertung erkennen. So stehen das öffentliche Interesse und der Bitcoin-Kurs im direkten Verhältnis zueinander. Alle Bestmarken des Kurses in der Auswertung der Bitcoin Suchanfragen auf Google, haben einen direkten Bezug zu den bulligen Phasen des Kursverlaufs.

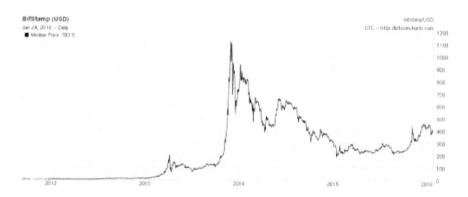

Abb. 8: Bitcoin Kursentwicklung in USD 2011 - 2016

Quelle: winfwiki.wi-fom.de/index.php/Bitcoins_als_Spekulationsobjekt

Philip Sander

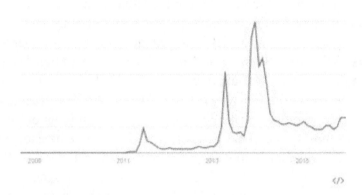

Abb. 9: Google Suchanfragen 2009 - 2016

Handelsvolumen

Das aktuelle Transaktionsvolumen weltweit wird mit Stand 25.01.2016 auf 464.986 Bitcoins geschätzt. Dies kommt einem Volumen von 181.228.591 US-Dollar gleich. Der chinesische Markt besitzt mit 47 Prozent den größten Anteil an Bitcoins. Mit etwas Abstand folgt bitfinex mit einem Anteil von 24 Prozent auf dem US-amerikanischen Markt. Der restliche Anteil verteilt sich auf weitere kleinere Dollarmärkte und ein minimaler Anteil wird der Euro-Zone , sowie der Rupiah, dem britischen Pfund und dem polnischen Zloty zugerechnet.

Das sagt ein Spekulant zu Bitcoin

Der Informatiker Jan H. teilt in einem Interview mit einem Finanzexperten seine persönlichen Erfahrungen zu dem Thema „Spekulation mit Bitcoins" mit. Bereits im Jahr 2011 kaufte er auf der Handelsplattform Mt.Gox seine ersten Bitcoins zu einem Kurs von ungefähr sechs Euro und konnte durch einen baldigen Verkauf eine sehr gute Rendite von mehr als 47 Prozent einstreichen. Ein darauffolgender Nachkauf im Jahr 2013 brachte ihm eine zusätzliche Rendite von mehr als 100

Prozent ein. Zu diesem Moment war der Bitcoin-Kurs schon argen Schwankungen ausgesetzt. Der Handel mit Bitcoins bleibt bis heute eine höchst spekulative Angelegenheit. Einen weiteren Zukaufversuch habe er aus Angst vor Verlust seines Investments nicht versucht. Herr H. gab auch an, nicht nur gute Erfahrungen mit der digitalen Währung gemacht zu haben. Durch eine beweisbare falsche Unterstellung des versuchten Bankbetrugs, kam er ins Visier der deutschen Justiz. Durch die unklaren Regelungen schienen die Behörden mit dem Thema Bitcoins überfordert zu sein. Er findet es ebenfalls schade, dass sich die digitale Währung am Markt noch nicht richtig etablieren konnte. Das liege auch an dem uneinheitlichen Regelwerk in den verschiedenen Ländern. Eine positive Zukunft für den erfolgreichen Kursverlauf von Bitcoin sieht der Informatiker Jan H. skeptisch entgegen. Genau wie Jan H. sehen aus auch viele Finanzexperten. Wegen der unsicheren Zukunft und eines stark schwankenden Kursverlaufs wird deutlich, dass sich nur kurzfristig erhebliche Gewinne mit Bitcoin erzielen ließen.

Offlinehandel

In kleineren speziellen Wechselstuben ist es möglich, reale Währung gegen Bitcoins und wieder umgekehrt zu tauschen. Jedoch besitzt diese Form des Handels den kleinsten Anteil des weltweiten Bitcoins-Handelsvolumens. Daher ist diese Variante für Spekulanten ungeeignet.

Auswirkungen auf den Finanzmarkt

Bitcoins kann man mit Gold vergleichen. Beides sind in ihrer Stückzahl begrenzte Güter. Somit sind Bitcoins sicher vor einer möglichen Inflation. Sollte es der Kryptowährung in der Zukunft gelingen, sich an den weltweiten Finanzmärkten zu etablieren und als alternative virtuelle Währung weitflächig anerkannt werden, hat dies massive Auswirkungen auf das globale Finanzsystem. Die Banken würden geringere Erträge aus der Anlage von staatlichen Währungen erzielen. Somit müsste das Steuer- und Sozialsystem komplett neu strukturiert werden. Denn nur so wäre eine exakte Besteuerung für Bitcoin möglich.

14. Steuerliche Handhabung

Genau jetzt heißt es für alle Bitcoin Neukunden aufpassen und hochkonzentriert weiterlesen. Dieses Kapitel ist eines der wichtigsten, da es um die steuerliche Handhabung geht. Da die Anwendungsbereiche von Bitcoin sich immer weiter ausdehnen, indem immer mehr Akzeptanzstellen wie neue Händler, Lokale und Geschäfte dazukommen, ist es für alle Nutzer gut zu wissen, wie Bitcoin als digitales Zahlungsmittel einzustufen ist. Besonders aus der steuerrechtlichen Sicht sollte jedem Nutzer und jeder offiziellen Behörde klar sein, wie Bitcoins einzuordnen sind. Wer hier einen Fehler macht, kann oder muss sogar mit ernsten Konsequenzen rechnen. Denn wer die steuerliche Einstufung außer Acht lässt, kann sich unter Umständen der Steuerhinterziehung schuldig machen. Das ist kein Kavaliersdelikt, sondern wird mit Geld- bis hin zu Freiheitsstrafen bestraft.

Aus Sicht der Bundesanstalt für Finanzdienstleistungsaufsicht, kurz BaFin, handelt es sich bei Bitcoin um kein anerkanntes, gesetzliches Zahlungsmittel. Vielmehr wird es als eine Rechnungseinheit gesehen, eben weil die Bitcoin-Transaktionen kaum einsehbar sind und durch den Staat nur stark eingeschränkt kontrollierbar sind. Wir erinnern uns: Die digitale Zahlungseinheit ist weder einer Zentralbank noch einer anderen Behörde verbunden.

Aus steuerrechtlicher Sicht gibt es Unterschiede bei dem Handel mit Bitcoins und durch das Mining. Der Unterschied ist der von ihnen erzielte Gewinn. So wird der Handel mit Bitcoins als Verschiebung von Rechnungseinheiten gesehen. Das heißt im Klartext, dass ein möglicher Gewinn durch den Handel mit der digitalen Währung nach dem persönlichem Einkommenssteuersatz versteuert werden muss. Dazu müssen folgende Kriterien erfüllt sein:

- der mit dem Handel erzielte Gewinn ist größer als 600 €

- der Zeitraum zwischen dem Erwerb und der Veräußerung der BTCs, wodurch der Gewinn erzielt wurde, beträgt weniger als ein Jahr

Der zu erwartende Gewinn darf jedoch mit eventuellen Verlusten aus anderen privaten Verkäufen verrechnet werden.

Dazu zählt allerdings nicht das Mining. Hierbei werden keine Bitcoins erworben, sondern geschaffen. Auch hier gibt es Unterschiede. Das Mining kann privat oder gewerblich durchgeführt werden. So wird das Erschaffen von Bitcoins dann als gewerblich angesehen, wenn es selbstständig, nachhaltig und mit konkreter Gewinnabsicht stattfindet. Bei einer gewerblichen Nutzung ist der Nutzer dazu gezwungen, ein Gewerbe anzumelden und somit wird der gesamte Gewinn steuerpflichtig. Wenn es privat stattfindet, liegt der gesetzliche Steuerfreibetrag bei 256 Euro. Werden Gewinne über diesen Wert erzielt, so muss dieser nach dem persönlichen Einkommenssteuersatz versteuert werden. Auch hier darf dieser wieder mit Werbungs-und Stromkosten für das Mining verrechnet werden.

15 Apps für das Smartphone

Viele Tauschbörsen und Wallet Anbieter bieten in der modernen und mobilen Zeit auch Apps an. Dabei spielt es keine Rolle, welches Betriebssystem verwendet wird. Man braucht nur Schlagwörter wie Bitcoin, Bitcoin Wallet oder Bitcoin Tauschbörse in die Suchfunktion einzutippen und schon werden einem eine Vielzahl von zur Verfügung stehenden Apps angezeigt. Auch hier gilt, bevor man diese nutzt, sich einen Überblick durch Kundenbewertungen zu verschaffen.

16. Schlusswort

Nun haben Sie als Leser eine ganze Menge an Informationen über die erste ernstzunehmende digitale Währung Namens Bitcoins erfahren. Sie sollten nun ein grundlegendes Wissen über Bitcoins haben. Da es sich um einen sachlichen Ratgeber handelt, ist es zu empfehlen, diesen ein zweites oder gar drittes Mal zu lesen. Denn nur so lassen sich die Informationen im Gehirn ablegen. Das Rätsel um den Erfinder ist bisher noch nicht eindeutig gelöst. So bleibt es auch in der nächsten Zeit um die digitale Währung. Wie lange sich der Erfinder noch hinter seinem Pseudonym Satoshi Nakamoto verstecken kann und möchte, weiß nur die Person, die sich hinter dem Namen verbirgt. Da Sie nun über Einzelheiten um die Kryptowährung informiert sind, können Sie in Zukunft selbst entscheiden, ob es für Sie Sinn macht mit Bitcoins Ihre nächsten Einkäufe zu realisieren oder eventuell mit der digitalen Währung zu handeln. Die Macher, die hinter der Währung stehen würden, sich freuen, wenn immer mehr Nutzer mit Bitcoin in Erscheinung treten. Nicht umsonst heißt das Motto „Be your own Bank (sei deine eigene Bank)". Wer sich an der dezentralen Recheneinheit, wie es das deutsche Finanzministerium ausdrückt, probieren möchte, sollte dies unbedingt tun. Denn wie überall gilt learning by doing. Suchen Sie sich zu Beginn einen Wallet Anbieter, der die Grundfunktionen kostenfrei zur Verfügung stellt. Es gibt viele Möglichkeiten rund um den Handel mit Bitcoin. Wenn Ihnen das Risiko für eventuelle Einlagen zu groß ist, können Sie auch Ihr Glück als Miner ausprobieren. Doch dazu benötigen Sie auch die entsprechende Hardware und die Anschaffungskosten sind enorm, sodass es aus jetziger Sicht sehr unrentabel sein wird. Doch für viele zählt der Spaß daran. Auch wenn es für manche gerade nicht lukrativ erscheint, doch Bitcoin braucht die Miner, um Transaktionen zu bestätigen. Und so lange diese Abhängigkeit besteht, werden die Gründer von Bitcoin, die Miner auch entsprechend mit Bitcoins belohnen. Umsonst würde kein Miner schürfen und ohne Miner gäbe es Bitcoins so nicht mehr. Was Sie am Ende mit der digitalen Währung anstellen, dass liegt ganz bei Ihnen. Auf jeden Fall lohnt es sich, die Geschichte um Bitcoin weiter im Auge zu behalten. Sicher ist, dass die Währung wahrscheinlich nie wieder ein so explosionsartiges Hoch erreicht, doch wer sich mit dem Thema Handel mit Einheiten schon einmal auseinandergesetzt hat der weiß, dass man niemals nie sagen soll. Wie in dem Guide erwähnt, steht die digitale Währung direkt in Verbindung zu besonderen Ereignissen. Nur, wer die Augen und Ohren offenhält, kann seine Chance wittern. Und wer weiß, vielleicht sind Sie der nächste Bitcoin Gewinner?

Viel Glück und Erfolg!